시간, 공간, 관계에 만족감을 채워주는

하루 15분
정리의 힘

시간, 공간, 관계에 만족감을 채워주는

하루 15분
정리의 힘

윤선현 지음

SNOWFOX

'국내 1호 정리컨설턴트'라는 타이틀로 이름을 알리고 있지만, 한때는 누구보다 정리를 못 하고, 정리가 필요하다고 느껴본 적이 없었습니다. 정리라는 개념조차 흐릿했던 저의 정리 인생이 시작된 것은 직장 생활 3년 차 즈음이었습니다. 막연하게 사업가가 되고 싶은 꿈은 있었지만, 현실 속 저는 그저 아등바등 하루하루를 피곤하게 살아가는 젊은이에 불과했습니다. 잦은 야근과 주말 근무에 쫓기며 빈틈없는 일상을 보냈지만 미래에 대한 막연한 불안, 뭔가 발전 없이 반복되는 삶은 질서 없이 우왕좌왕하는 느낌이었습니다. 주변부터 정리해보자는 심정으로 시작한 '정리'는 뜻밖에도 저를 새로운 기회의 세계로 안내했습니다. 전문적으로 정리를 배운 것은 아니었지만 정리하는 과정에서 그야말로 '신박한' 변화를 경험할 수 있었습니다.

이건 정말 내 일이야. 길을 만들어야겠어.
'정리'가 새로운 사업 아이템이 될 수 있지 않을까?

이런 생각들이 머릿속을 떠나지 않았습니다. 그렇지만 무턱대고 일을 벌일 수는 없었습니다. 처음 자신과의 약속대로 직장 생활을 10년 채우자고 다짐했습니다. 그리고 남은 7년간 이 사업을 준비하자 생각했습니다. 먼 미래지만 청사진을 그려가는 시간이었습니다. 우선 사업가가 되는데 필요한 책들을 찾아 읽었지만, 당시는 정리에 대해 배울 수 있는 전문교육이나 전문가는 찾을 수 없었습니다. 할 수 없이 해외로 눈을 돌려 정리 전문가를 찾아 그들의 책을 읽고, 블로그에 서평을 남기면서 사업의 기초 공사를 다졌습니다.

무엇보다 중요한 실천, 제 일과 삶과 관련한 것부터 정리했습니다. 우선 집안의 책들, 그리고 사무실 책상이 그 대상이었습니다. 가장 큰 짐이었던 수천 권의 책은 기증하고, 오랫동안 사용하지 않던 물건은 버리고, 사용하기 용이한 장소로 옮기는 일을 매일

하다 보니 혼돈의 도가니 같던 집은 어느새 말끔하게 정리됐습니다. 사무실로 공간을 옮겨 컴퓨터 파일, 서류, 이메일에 정리 원칙을 적용하니, 야근이 일상이던 업무 습관도 개선되어 시간 사용의 효율이 높아졌습니다. 또 미루는 습관을 고치니 늘 시간에 쫓기는 듯한 조급함과 미래에 대한 불안이 오히려 기대와 설렘으로 채워졌습니다.

저의 삶부터 정리하니, 보이는 것뿐 아니라 보이지 않는 내면에도 질서가 생겼습니다. 이런 변화는 누구에게든 가능하겠다는 확신이 들었고 '정리'를 사업으로 펼칠 용기가 생겼습니다. 고백하자면 2010년 5월 창업할 당시 '정리'라는 행위를 사업화했을 때 성공 가능하다는 근거는 없었습니다. 저 자신 외에는 검증할 대상도 없었습니다. 그럼에도 7년 동안 차곡차곡 쌓인 경험과 연구를 바탕으로 '정리력 100일 프로젝트'라는 주제의 세미나를 월 1회 개설하여 강의를 시작했습니다. '정리력'은 일과 삶의 생산성과 마음의 평화를 높이는 삶의 기술을 의미합니다. 첫 세미나에는 지인을 포함 고작 여섯 명이 참석했지만 1년 후에는 열 배가 늘어나 66명이 강의실을 채웠습니다. 저에게는 66명이 600명처럼 크게 느껴진 순간이었습니다. 세미나에 참석한 분들에게 100일 동안 정리할 수 있는 정리미션을 네이버 카페 '정리력'에 등록하게 했고, 댓글로 응원과 조언을 달며 응원의 말도 아끼지 않았습니다.

세미나 참석자들 중에 정리컨설턴트를 제2의 직업으로 준비하고 싶다는 분들이 있었습니다. '정리컨설턴트 양성과정'이라는 스터디 모임을 운영하면서 다양한 직업과 경험이 있는 분들과 교류했습니다. 이때 정리가 힘든 분들에게 정리력 100일, 100개 버리기, 매일 1개씩 버리기 등 다양한 프로젝트를 진행했는데, 평균 약 3퍼센트가 미션을 완수했고, 미션을 완수한 분들은 진정한 삶의 변화를 경험했습니다. 그 변화는 단순히 집이 깨끗해지는 것뿐 아니었습니다. 살아갈 용기와 의지를 얻고, 진짜 원하는 것, 예컨대 자신에 대해 몰랐던 가능성을 발견하고, 가족과의 관계를 개선하며, 꿈꾸던 직장으로 취업하는 것을 포함했습니다.

정리 세미나 참석자들이 남긴 설문지에 이런 의견이 꽤 많았습니다. "수업을 들어도 정리가 쉽지 않으니 누가 와서 우리 집 좀 정리해줬으면 좋겠다." 참석자분들의 의견을 수렴해 정리력 카페에 가장 쉽다고 생각했던 '아이 방 무료 정리' 이벤트를 열었고, 여러 가정을 방문하며 정리컨설팅을 실습했습니다. 이때 현재 수많은 정리 업체와 정리컨설턴트가 실행하고 있는 '방문 정리수납 서비스' 상품을 개발했습니다.

2012년 출간된《하루 15분 정리의 힘》은 창업 전 7년 동안의 연구, 2년간 진행한 정리력 세미나, 스터디 모임, 기타 여러 곳을 의뢰받아 정리컨설팅 서비스를 수행한 경험을 정리한 결과물이었습니다. 감사하게도 출간하자마자 베스트셀러에 올랐고, 각종 언론에 '국내 정리 열풍을 불러일으킨 주인공'으로 이름을 알릴 수 있었습니다.

　14년 동안 정리컨설턴트로 활동하면서 공간정리 서비스를 의뢰하신 고객들에게 감사 인사를 받았습니다. 그중 가장 기억에 남는 말이 "대표님 때문에 살 수 있었다."입니다. K 고객은 삶에 대한 무력감을 이기지 못하고 연말에 자살을 결심했다고 합니다. 그러던 중 상담하시는 의사 선생님께 "죽기 전에 집을 좀 치우라."라는 말을 들었습니다. 혼자 힘으론 도저히 청소할 엄두가 나지 않아, 저에게 정리수납 서비스를 신청했습니다. 닫힌 창문을 열고, 바닥에 수북이 방치된 물건을 치우고, 엉클어진 옷가지와 주방용품이 제자리를 찾으니, 제법 살만한 집이 되었습니다. 정돈된 집을 보자 K 고객은 신비롭게도 살아야 할 용기를 얻었다고 합니다. 그리고 다행히 연말에 계획했던 자살은 실행에 옮기지 않았습니다. 얼마나 보람 있는 순간이었던지요.

　정리컨설팅을 하면서 공간의 변화가 그 공간에서 살아가는 사람들의 삶을 송두리째 바꿀 수 있다는 사실을 수없이 경험했습니다. 각자의 상황과 이유는 달라도 결과는 마찬가지였습니다. 오래 사용하지 않아 낯설어진 물건을 버리고, 방치되다시피 한 잡동사니 물건을 버리고, 효율적으로 사용할 수 있도록 정리하면 삶이 달라지는 것이지요. 늘 언급했던 '정리는 삶을 바꾸는 실천'이라는 말에는 그런 확신이 담겨 있습니다. 정리를 실천하는 것은 더 좋은 삶을 위해 자기 자신을 계발하고, 간절히 원하는 목표와 꿈을 이루는 가장 쉽고 빠른 방법입니다.

한 가지 고백하자면, 사실 저도 정리가 어렵습니다. 20년 이상 정리를 공부하고 업으로 삼고 있는 저도 못 하는 정리가 있고, 제때 버리지 못해 쌓여가는 물건이 있습니다. 완벽한 정리 상태를 기대하고 아무것도 실천하지 못하기보다 매일 조금씩 정리하며, 정리 정돈을 통해 자신을 알아가는 과정을 즐기는 것이 중요합니다. 개정판으로 출간된 이 책이 단 한 번이라도 여러분의 삶의 질서를 바로잡는 초대장이 되었으면 합니다.

초판이 출간된 지 10년이 흐를 즈음, 스노우폭스북스 서진 대표님의 제안을 받아 개정판을 출간하게 되었습니다. 2010년 책을 준비할 때의 바람처럼 이 책 역시 정리가 필요한 분들, 결심만 하고 실천하기 힘든 분들에게 구체적이고 실용적인 안내서가 되었으면 합니다. 개정판 원고 작업에 도움을 준 유선영 누님, 응원해준 '윤선현의 정리학교' 학생분들, 그리고 사랑하는 가족에게 감사드립니다.

이 책을 읽고 정리를 실천하신 분들이 고백했듯이, "정리하니 살만하다."라는 값진 깨달음을 꼭 경험하시기 바랍니다.

정리의 힘을 전하는

윤선현

CONTENTS

| 2부 | 정리하는 습관의 기적

|3부| 실천! 정리력

〈 7장 〉 관계정리

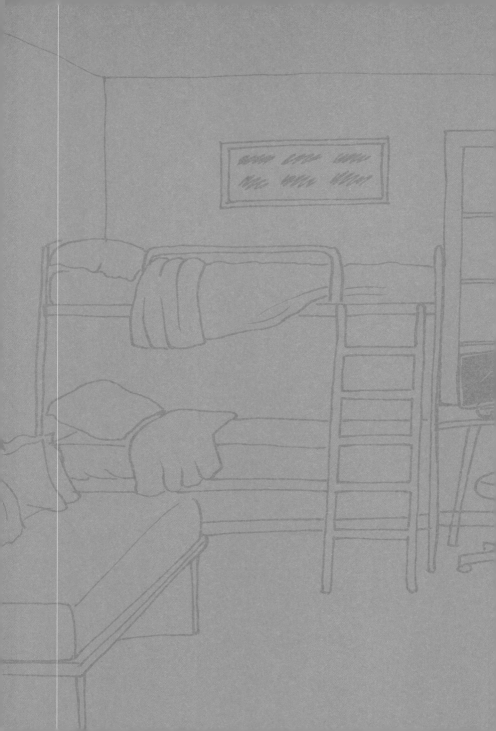

| 1부 |

정리가 뭐길래

〈1장〉

지금 당신에게 가장 필요한 것은?

A고객의 집에 들어갔을 때 신도시의 새 아파트라고 믿기 어려울 정도로 어수선했다. 현관부터 집안 곳곳에 배송받은 후 개봉도 하지 않은 각종 택배 박스들, 분리수거를 미처 하지 못한 재활용 쓰레기까지 온갖 종류의 물건이 쌓여 있었다. A고객과 대화를 나누다 보니 그 지경이 된 이유는 있었다. 어린 세 아이가 종일 이 방 저 방을 오가며 어지르니 집 안이 초토화되는 것은 순식간이고, 마음먹고 치워봤자 뒤돌아서면 금방 난장판이 된 것이다. 깔끔하고 쾌적한 집을 바라고 바라지만 현실은 그렇지 못하다는 절망감으로 고객의 내면은 스트레스로 가득했다.

A고객은 재택근무를 했다. 아이들이 유치원에 가 있는 시간과 저녁 늦은 시간에 일했지만, 아이들이 집에 있을 때 식사나 간식을 챙기고 요구사항을 들어주다 보면, 몸과 마음이 지쳐서 빨래나 설거지 같은 꼭 필요한 집안일도 제때 처리하기 힘들었다. 마감이 촉박한 일을 처리해야 할 때는 아이들을 돌보기도 어려웠다.

고객과 상담을 통해 구체적인 요구사항을 듣고, 공간을 돌아보고 정리 솔루션을 제안했다. 아이들이 스스로 물건을 사용할 수 있는 옷장 정리 시스템, 재택근무의 능률을 올리기 위한 별도의 업무 공간 확보, 아이들이 놀이와 성장을 위해 필요한 학습 공간 분리였다.

　　금, 토, 일 주말 3일 동안 한 공간씩 정리 컨설팅은 진행했다. 거실 한쪽은 멋진 사무실이 마련되었고, 아이들의 장난감과 책을 구분하니 놀이와 학습에 대한 시간 구분이 되었으며, 무엇보다 아이들 스스로가 물건을 통제할 수 있는 공간으로 바뀌었다. 가족 구성원 모두가 만족할만한 정리 결과였다.

삶을
정리해드립니다

정리컨설턴트란 정리를 통해 '고객의 일에는 생산성을, 삶에는 행복감을 맛보도록 도와주는 전문가다. 고객의 생활습관, 공간 구조와 환경을 파악한 뒤, 책상이나 주방 같은 공간부터 업무방식이나 시간 사용, 인간 관계정리까지 '정리'가 필요한 자원을 제대로 사용하지 못해 발생할 수 있는 다양한 문제를 해결해주는 것이다. 사람들은 대부분 문제가 생겨도 평소에 하던 방식대로 그 문제를 해결하려고 한다. 서류를 보관하는 방법에 문제가 있어 서류 정리에 문제가 생긴 것인데, 원래 방식 그대로 하려고 노력하다가 '나는 정리를 못 해.'라며 포기하고 만다. 세상에 정리를 못 하는 사람은 결코 없다. 정리를 안 하는 사람만 있을 뿐이다.

정리컨설턴트는 고객이 현재 사용하는 방법에 작지만 결정적인 변화를 주어 정리에 필요한 시스템(규칙과 도구)을 통해 정리 습관을 만들 수 있도록 돕는다. 예를 들어, '플래너를 사용하기 어려우면, 먼저 포스트잇을 이용해 하루의 업무 리스트를 적어보세요.' '퇴근 전, 15분 정도 타이머를 맞추고 그날 사용한 컴퓨터 파일을 정리하세요.' 등 간단한 도구나 시간을 활용하는 시스템을 추천하는 식이다.

또 하나의 역할은 작은 실천을 통해 큰 실천을 이루도록 돕는 것이다. 집, 책상, 가방, 지갑은 공간의 크기와 물건의 내용이 다르지만 사실 그 안에 있는 물건의 정리 규칙은 같다. 지갑 정리를 제대로 할 줄 알면 책상 정리를 잘할 수 있고, 넓게는 집 정리까지 제대로 할 수 있다. '정말 정리가 그렇게 쉬울까?' 의심이 간다면, 지금 당장 지갑을 꺼내서 정리해보자. 다음의 순서를 따라 하면 된다.

1. 지갑 속 모든 물건을 일단 꺼내자.
2. 한참 동안 사용하지 않은 마일리지 쿠폰이나 영수증 등을 버리자.
3. 지난 몇 달간 사용하지 않았거나 사용을 줄여야 하는 카드는 따로 지퍼백에 보관하자.
4. 가장 많이 쓰는 카드를 골라 꺼내기 쉬운 곳에 꽂자.

5. 나머지를 편한 위치에 넣자.

　쓸모없는 영수증이나 사용하지 않는 포인트 카드를 꺼내는 것만으로도 터질 것 같던 지갑이 가벼워진다. 이렇게 지갑을 정리하고 유지할 수 있다면 누구나 책상 정리, 시간정리, 인간 관계정리 등 우리 삶과 연관된 모든 정리를 해낼 수 있다!

정리가 안 되는
이유?!

정리컨설팅을 본격적으로 시작하면서 사람들이 도대체 어떤 이유로 정리를 못 하고 어려워하는지 궁금했다. 그래도 '정리를 못 하는 이유'에 대한 설문조사를 정리력 세미나 참석자분들께 부탁하고 응답을 받았다. 조사 결과 '게을러서', '집이 좁아서', '바빠서', '방법을 몰라서' 등등 여러 답변이 나왔지만, 거시적으로 보면 다음의 세 가지 이유로 특정할 수 있다.

"여유가 없어서, 두려워서, 필요한 줄 몰라서."

첫 번째, 여유가 없다고 대답하는 사람들이다. 시간, 마음, 체력, 공간 등의 여유가 없다는 것이다. '정리할 시간이 없어요.' '퇴근 후 집에 가면 너무 피곤해 정리할 엄두가 안 나요.' '집이 너무 좁아요.' 등 무언가 부족하고 없기 때문에 정리를 못 한다고 말한다. 하지만 사실 찬찬히 따져보면, 시간이 없는 게 아니라 마음속 정리가 부족한 것이 원인이 아닐까. 집이 좁은 게 아니라 물건이 너무 많은 것이다. 우선 이 진실을 인정해야 한다.

두 번째, 정리에 대한 두려움을 가진 사람들이다. '귀찮아요.', '게을러서……' '자꾸 미뤄요.' '정리할 줄 몰라요.' 등의 대답이 여기에 해당한다. 의외라고 생각할 수 있겠지만, 정리에 대해 완벽주의에 가까운 강박을 가진 사람도 이 유형에 해당한다. 책에서 본 것처럼 깔끔하게 정리되지 않을까 봐 아예 손대지 않거나, 수납 도구는 많은데 딱 맞는 게 없어서 정리를 못 하는 사람들이다. 정말 잘하고 싶은 마음이 있지만 몇 번 시도한 뒤 잘되지 않으면, '아, 나는 정리를 못 해.' '내가 하면 안 돼.'라고 포기해버린다. 정리 세미나에 오는 분 가운데 의외로 이런 완벽주의형이 많다.

나는 정리 관련 책을 읽고 하루 이틀 만에 완벽히 정리를 끝내려고 하거나, 당장 달려가서 수납 도구를 사는 일은 하지 말라고 당부하고 싶다. 뒤에서 자세히 설명하겠지만, 모든 물건을 '완벽하게' 정리하겠다는 생각을 버려야 정리를 시작할 수 있다.

세 번째는 정리에 대한 필요성을 모르는 사람들이다. '정리를 꼭 할 필요 있나요?' '정리해도 다시 그대로인데요, 뭐.' 등 정리의 필요성을 그다지 못 느끼거나, 정리할 의욕이 없는 분들이다.

이런 분들은 정리컨설팅이나 교육의 필요성을 느낄 정도로 변화시키기 매우 어렵다. 혹시 이 유형에 해당한다면 이 책의 1부를 더 꼼꼼히 읽기 바란다. 보통 이런 분들은 스스로 강의를 들으러 오거나 컨설팅을 신청하는 경우는 별로 없고, 가족들이 보다 못해 대신 신청한다. "어머님 댁을 깨끗한 공간으로 만들어 주실 수 있나요?" "저희 아내가 정리를 잘 못 하는데, 정리해주시면서 정리법을 좀 가르쳐 주실 수 있나요?" "결혼한 딸 집에 가면 물건이 온통 바닥에 쌓여 있어서 걱정인데, 제가 컨설팅 비용을 드릴 테니 도와주실 수 있나요?" 이런 전화를 자주 받는다. 대체로 이렇게 진행할 경우 나중에 가족끼리 다툼이 생기는 경우가 빈번해 별로 추천하고 싶지 않다. 정리는 자신의 공간부터 자발적으로 하는 것이 가장 좋다.

정리 유전자가
따로 있을까?

어렸을 적 배움에 대한 열망이 컸음에도 넉넉하지 못한 집
안 형편 때문에 책을 마음껏 볼 수도, 원하는 학원에 다닐 수도 없
었다. 책을 마음껏 읽으면 소원이 없을 것 같았다. 책에 대한 갈증
이 유독 심해서인지 첫 직장이 출판사였고, 기회만 닿으면 책을 읽
으려 했다. 인쇄소, 출판사, 서점 거래처나 지인들에게 책을 선물
받고, 월급으로 사기도 하면서 내 방 책장은 금세 책들로 가득 차다
못해 넘칠 지경이 되었다. 책에 쌓인 먼지와 냄새가 방을 퀴퀴하게
만들었지만, 책을 보면 나 자신이 더 똑똑해지는 기분이 들었다.

두 번째 직장인 (주)프랭클린플래너코리아가 강남으로 이사하
면서 출퇴근이 너무 힘들었다. 특히 매주 월요일 아침 7시에 열리

는 전 직원 회의에 참석하려면 이른 새벽에 집을 나서야 했는데, 이게 참 고역이었다. 고민 끝에 독립을 결심했다. 출퇴근 문제도 있었지만 독립할 시기도 되었던 것이다. 그런데 막상 독립하려니 내 물건들, 특히 가진 책을 모두 가지고 나올 수는 없었다. 새로 얻은 자취방에 들어갈 수 있는 책이라곤 가진 책의 20퍼센트도 되지 않았다. 어떤 책을 가져갈 것인지 선택해야만 했다.

천여 권이 꽂힌 책꽂이 앞에 선 갑자기 머리를 얻어맞은 기분이 들었다. 전부 읽은 책이었음에도, 책을 읽었다는 사실 말고는 기억 나는 것이 하나도 없었다. 결국 눈앞에 있는 많은 책은 나의 지혜가 아니라 집착에 지나지 않았다. 이사를 준비하면서 수십 박스가 넘는 책을 '아름다운가게'에 기증하고, 정말로 아끼는 책 몇 권만 챙겼다. 그때부터 진정으로 나를 지혜롭게 만드는 책과 물건이 무엇인지 고민하고 선택하기 시작했다. 전에는 그냥 소유하려고만 했던 것들을 객관적으로 볼 수 있게 된 것이다. '이 책이 내게 어떤 의미가 있지? 내게 어떤 자극을 주지?' 책 앞에서 질문했다.

이렇듯 과거나 물건에 대한 집착이 강해서 정리를 못 했던 경험이 있기에, 세미나와 컨설팅을 통해서 정리에 대한 어려움을 호소하는 이들의 마음을 잘 공감할 수 있었다. 또 눈높이에 맞춘 솔루션을 제시할 수 있었다.

현재 함께 활동하는 정리컨설턴트 가운데 어렸을 때부터 정리를 잘했던 사람은 10퍼센트도 되지 않는다. 정리컨설턴트 J씨는 한때 큰 사건으로 은둔형 외톨이에 가까운 생활을 하며 집에 모든 잡동사니와 쓰레기를 쌓아 놓고 살았던 적이 있다. 어느 날 TV에서 〈인생역전, 청소의 힘〉이라는 다큐멘터리를 보고 정리를 시작해 비워지는 방과 함께 마음도 정리되는 느낌을 받았다고 한다. 정리컨설턴트 B씨는 어린 시절부터 정리와 청소를 너무 못해서 어머니로부터 늘 "방이 돼지우리 같다."라는 잔소리를 들었지만, 결코 정리한 적이 없었다고 한다. 어머니께서 날마다 방 청소와 정리를 대신해주셨단다. 대학생이 되어 자취 생활을 시작하자, 난생처음으로 어떤 물건은 남기고 어떤 물건은 처분해야 할지에 대해 고민했다고 한다. 그때가 정리의 시작이었다.

정리는 누구나 쉽게 배울 수 있는 기술이다. 마치 생애 처음으로 휴대폰 사용법을 배우는 것처럼, 처음에는 낯선 느낌이 들 것이다. 휴대폰을 처음 샀을 때를 떠올려보자. 설명서가 두껍게 느껴지고 과연 이해할 수 있을까 싶어 난감했다. 하지만 필요한 것부터 하나씩 배워나가다 보면 어느새 휴대폰이 제삼의 신체기관처럼 느껴지고, 자판을 안 보고 칠 수 있게 된다. 정리도 이처럼 배우면 곧 할 수 있는 쉬운 습관이다. 요컨대 '정리를 못 하는 사람'들이 존재하는

이유는 정리를 제대로 배우지 못해 잘못된 방법을 사용하기 때문
이다.

날마다
조금씩

　강의나 독서를 통해 동기부여가 내면에 된 사람은 당장 뭔가를 시작하고자 한다. 정리력 강의를 들은 한 주부도 의욕이 충만해서 집으로 달려갔다. 먼저 '버리기부터 하라.'는 말이 기억나 집의 모든 방마다 버릴 물건을 꺼내고 있는데, 갑자기 남편이 집에 들어왔다. 버리기에 집중한 나머지 남편이 퇴근할 시간이 된 줄도 몰랐던 것이다. 고된 하루를 마치고 온 남편은 식사도 준비되어 있지 않고, 난장판인 집을 보며 화를 냈다. 주부도 모처럼 정리하겠다고 시작했는데 이해해주지 못하는 남편에게 서운해서 같이 화를 냈다. 결국 그분은 한동안 정리는 엄두조차 못 냈다고 한다.

정리를 못 하는 사람들은 정리에 대한 스트레스를 평소에 꾸준히 받았기 때문에, 이 문제를 하루아침에 해결하고 싶어 한다. 그리고 당장 해결이 안 될 것 같으면 그만큼 시간이 날 때까지 정리를 미룬다. '이번 프로젝트만 끝나면, 하루 날 잡고 책상 정리할 거야.' '봄이 되면 집 안을 전부 정리할 거야.' '어차피 이사 갈 거니까 지금은 이대로 쓰고 다음 집에 가서 정리할 거야.' 하지만 정리는 결코 하루 만에 할 수가 없는 활동이다. 미뤄왔던 시간만큼 얼마나 엄청난 짐이 축적되어 있겠는가.

정리컨설턴트 또한 오랜 시간정리법을 연구해온 전문가임에도, 집 전체를 정리하는 데 상당한 시간이 걸린다. 꽤 어수선한 집은 컨설턴트 4~5명이 3일간 꼬박 붙어서 정리해도 빠듯하다. 이런 일을 혼자서, 하루 만에 해낸다는 것은 불가능하다. 하루 만에 하려고 하면, 주변 사람들에게 함께 하자고 부탁하기도 어렵다. "이번 주말에 대청소합시다."라고 말하면 "행복해요."라고 말할 동료나 가족이 누가 있겠는가.

물론 그럼에도 어떻게든 시작할 수는 있다. 그러나 쌓여 있는 짐을 일단 꺼내면 사람들의 얼굴이 찌푸려지기 시작하는 것을 느낄 것이다. 무거운 짐들과 먼지……. 억지로 진행해 나가면 어느 순간 슬럼프가 온다. 꽤 정리한 것 같은데도 뒤돌아보면 산더미 같은 물건이 남아 있다. 마무리가 안 되는 것이다. '이걸 어디에다 두어야 하지?' 애매한 물건들을 정리하기 곤란해진다. 이런 경험이 여러 번 쌓이면 정리라는 행위가 피곤하고 부담스러워지는 게 건 당연한 일이다.

정리는 한 번에 몰아서 하는 것보다, 날마다 조금씩 하는 것이 전체적인 시간을 따져볼 때 훨씬 효율적이다. 정리하는 데는 상당한 체력이 필요하므로 하루 만에 정리를 시도하면 휴식 시간이 낭비된다. 무엇보다 정리하다가 추억에 잠겨서 시간을 허비하는 경우가 많다. 그렇게 시간을 끌면 결국 밤이 되고, 시간의 촉박함 때문에 철저히 마무리하지 못한 채 어딘가 잡동사니를 몰아넣거나 '내년 봄에 해야지.' 하고 미뤄두는 부분이 생겨서 정리한 부분에 대한 즐거움도 느끼기 어렵다. 반면 조금씩 정리하는 방법을 이용하면, 짧은 시간에 의외로 넓은 공간을 정리할 수 있어 뿌듯함을 느낀다. 또한 정리하는 습관 자체를 길러주기 때문에 원 상태로 되돌아가지 않고 계속 정리한 상태를 유지할 수 있다.

날마다 정리를 쉽게 시작하는 방법 중기는 식사 후 바로 하는 설거지처럼 일과 중 정리 시간을 확실히 정해보는 것이 있다. 하루 중 특정 시간에 15분만 정리하는 데 쓰기로 하자. 처음에는 그보다 더 길면 좋지 않다. 딱 15분만 정리하는 시간을 가지되 대신 날마다 꾸준히 실천하자. 혼자서 하면 지속적으로 해내기 어려우니, 그 공간을 공유하는 사람과 함께 정리해보자. 사무실을 정리한다면 동료와 함께, 가정에서는 배우자나 아이들과 함께하는 것이다. 함께 정리할 사람과 서로 정리할 부분을 나누자. 이때 '칸칸 정리법'을 이용하면 좋다. 하루에 한 칸씩, 냉장고 한 칸이나 서랍 한 칸, 바구니 하나 등 한 구역만 정리해나가는 것이다. 만약 칸으로 나눠질 만한 수납시스템이 없다면 15분을 이용해 조금씩 만들어보자. 예를 들어 냉장고에는 칸으로 나누어져 있으니, 15분 동안 각자 한 칸을 정리한다. 하지만 싱크대는 대부분 시스템이 갖추어지지 않다. 이럴 때는 사이즈가 맞는 바구니를 구입해서 물건을 일단 바구니에 담자.

정리하기로 정한 시간에 바구니를 하나씩 정리한다. 이 방법을 실천해보면 '언젠가 해야지' 하고 몇 년간 치우기를 미루었던 잡동사니들이 하루 15분의 힘으로 한 달 만에 사라지는 것을 경험하게 될 것이다.

따라 하기만 하면
된다

네이버 카페 '정리력(http://cafe.naver.com/2010ceo)'과 밴드 '매일정리(http://band.us/@daybium)'에서 정리력을 향상하기 위한 챌린지를 진행하고 있다. 주로 한 달, 100일, 6개월 등 좀 더 긴 기간 동안 꾸준히 정리력을 향상시키고 싶어 하는 분들에게 알맞은 훈련이다.

가장 추천할 만한 정리력 챌린지는 부담 없이 정리를 실천할 수 있는 '매일 정리하기'다. 15~30분 동안 할 수 있는 단순한 미션을 제시하기 때문에 부담 없이 시작할 수 있다. "오늘은 명함을 정리하세요." "SNS에 가입해보세요." "시간가계부를 작성해보세요." 등 삶의 전반적인 정리력을 올리는 미션을 하루에 한 가지씩 해보기를

❖ 매일 정리하기 : 매일 1개씩 버리기 실천하기

❖ 100일/100개 버리기 : 정해준 100가지 물건 버리기 실천하기

❖ 쓰레기봉투 정리하기 : 10리터 이상의 쓰레기봉투 한 장 사서 버릴
   물건 버리기 실천하기

❖ 클린 스팟 유지하기 : 책상, 식탁, 거실바닥 등 아무것도 없는 공간
   만들어 유지하기

권한다.

무엇을 버려야 할지 막연하다면 '100개 버리기'를 추천한다. 이 챌린지에서는 구체적으로 정리할 물건과 버리는 방법 등을 제시한다. 100개 버리기 미션 1일 차는 '일회용품 버리기'다. 배달 음식 주문으로 쌓이기 쉬운 나무젓가락의 경우 유통기한이 명시되어 있지 않지만 보통 4개월 정도 이내 사용하는 게 안전하다. 정리미션을 통해 곳곳에 오랫동안 방치하고 있던 물건을 죄책감 없이 버리고 건강도 챙길 수 있다.

가족과 함께 정리미션을 수행하고 싶다면 '쓰레기봉투 정리하기'를 추천한다. 마트에서 50리터 쓰레기봉투를 구입하여 쓰레기임에도 버리지 못했던 물건, 분리수거가 힘들어 버리기 애매한 물

건 등을 봉투 한 장만큼 채워보는 것이다. 하루 만에 꼭 버리지 않더라도 괜찮다. 가족 모두가 한 장씩 나누고 누가 먼저 채우는지 내기해서 다 채워졌을 때 먹고 싶던 음식을 먹으며 버리기 미션에 대한 후기를 나누어보는 것도 좋다.

어느 정도 버릴 물건이 배출되었다면, 집안의 주요 공간을 정해 바로 쓸 수 있는 준비된 공간을 만드는 '클린 스팟 유지하기' 정리미션을 수행한다. 책상, 식탁, 소파, 침대, 거실 바닥, 현관 등… 항상 물건이 쌓이기 쉬운 공간을 매일 한 번씩 점검하여 불필요한 물건을 빼고 가급적 깨끗한 공간으로 만든다. 이 활동은 정리된 공간을 지속적으로 유지하는 데 효과적이다.

정리력 챌린지는 실천 방법이 매우 구체적이고 단순하다. 대학생부터 직장인, 그리고 80대의 할머니에 이르기까지 스스로 정리할 수 있을 거라고 생각지도 못했던 많은 사람이 액션 플랜을 따라 한 뒤 정리 스트레스에서 벗어날 수 있었다.

매일 버리기의
정리 효과

느리지만 실패하지 않는 정리 공식은 바로 '매일, 조금씩, 꾸준히'다. 이 공식은 매우 단순하지만 가장 효과적이다. 물론 실행을 했을 때 말이다.

2019년 12월 어느 날 업무용으로 이용하는 밴드에 '미션' 기능이 업데이트되었고, 이때 아이디어가 하나 스쳤다. 당장 '매일정리 100일의 기적'이라는 밴드를 개설하고, 1월 1일 새해부터 시작할 수 있게 매일 버리기 정리미션을 등록했다. 생각지도 않게 수백 명이 밴드에 가입했고, 205명의 멤버가 미션에 참여해 매일 버린 물건의 사진과 인증 글을 올리기 시작했다. 내 역할은 미션에 참여하는 멤버의 글에 공감과 응원의 댓글을 다는 것이었다. 시간이 지나자 참가자들이 서로 버린 물건에 공감하며, 댓글로 서로를 응원했다. 그렇게 친목이 생기면서 100일이라는 어렵고 힘든 미션 수행에 힘을 실어주었다. 2020년 4월 9일 미션 마감일까지 5명이 100일 미션을 완수했고, 그 후로도 100일 미션을 계속 진행했다. 현재 (2024년 2월 4일 기준) 15차 미션이 진행 중이다.

'매일정리 100일의 기적'에 참여했던 수많은 분 중 가장 인상적인 참가자는 예쁨 님이다. 1차 미션부터 참여했고, 현재까지도 참가하고 있다. 천 일이 넘는 시간 동안 매일 물건을 버렸고, 집안 곳곳에 쌓이고 방치된 물건들이 비워지고, 없던 정리습관도 생기면서 밴드를 개설했을 때 바람처럼 정리의 기적을 몸소 체험한 산 증인이었다. 100일 정리 미션을 마친 예쁨 님과 인터뷰를 통해 정리를 통해 달라진 삶에 대해 들어볼 수 있었다.

Q. 어떻게 100일 버리기 미션을 알고 참여하셨어요?

A. 나이 50이 넘도록 아직도 정리를 잘 못 하는 게 부끄러웠어요. 어느 날 정리에 관한 밴드를 발견했고, '하루 한 개씩 이것만 잘하면 집이 정리되겠구나.' 싶어 가입 후 참여했습니다.

Q. 100일 버리기를 참여하시면서 무엇을, 어떻게, 얼마나, 어디를 정리하셨나요?

A. 싸서 사다 놓고 해 먹지 않아서 썩어가는 채소가 많았는데, 한 달에 한 번씩 냉장고를 정리했어요. 몇 년을 얼려둔 생선과 떡 등을 정리하면서 2,000리터 냉장고도 나눔하게 되었습니다. 이제는 800리터 냉장고가 너무 커서 작은 것으로 바꿔도 되겠다고 생각합니다. 책상 서랍에 필요 없는 것들이 얼마나 많은지 미니서랍장도 나눔했습니다. 소파에는 벗어둔 옷들이 산을 이루고 있었으나, 지금은 퇴근하면 바로 옷을 걸고 실내복으로 갈아입습니다.

Q. 100일 버리기가 어떤 부분에서 도움이 되셨나요?

A. 삶의 질이 달라졌어요. 무언가를 찾기 위해서 '늘 어디 있더라'하며 이곳저곳을 찾아 헤맸는데, 이제는 물건의 제 자리가 정해져 있습니다.

Q. 100일 버리기를 통해 가장 크게 변화한 점은 무엇인가요?

A. 아침에 일어나면 제일 먼저 청소부터 합니다. 퇴근 후 어질러져 있는 거실을 보며 스트레스를 받았는데, 이제 문을 열 때마다 깔끔한 거실을 보면 기분이 좋습니다.

Q. 100일 버리기를 참여하면서 아쉬웠던 점, 부족했던 점이 있으시다면 무엇인가요?

A. 처음 하루에 하나씩 버리기를 했을 때는 정말 버릴 게 천지였습니다. 하루 15분 정리를 하면서 타이머를 켜놓고 열심히 했으나, 그렇게 꾸준히 한다는 게 쉬운 일이 아니었습니다. 퇴근 후 체력이 바닥을 쳤을 때가 제일 힘들었습니다. 그래서 근육을 길러야 한다는 걸 실감했습니다.

Q. 100일 버리기에 대한 주변의 반응은 어떤가요?

A. 우리 집이 이렇게 달라질 줄을 몰랐다고 합니다. 손님 초대는 생각조차 못 했는데 이제는 언제든지 와도 부끄럽지 않습니다.

Q. 100일 버리기 중 잊지 못하는 사례가 있으신가요?

A. 정리수납 전문가 1급 자격증을 취득하고 유품정리 봉사를 하게 되었습니다. 홀로 병원에서 생활하시다 가신 분의 집을 정리했는데 자녀들은 부모의 물건에 관심이 없다는 걸 알았습니다. 유품은 1~2점만 소유하고 모든 걸 버리더라고요. 제 물건도 저렇게 되겠구나 생각하고 올해는 빼내기를 실천하고 있습니다. 청소년 대상으로 정리 강의를 하기도 했습니다. 호텔처럼 각 잡힌 집, 더는 정리를 안 해도 되는 집을 기대했지만 현실은 그러하지 못했습니다. 건강에 문제가 생겨 입원도 하고, 생각과 현실이 달라 허무하기도 했습니다. 가족의 도움이 절실했으나 혼자서 정리하는데 여간 어려운 게 아니었습니다.

Q. 힘들 때 어떻게 극복하셨나요? 노하우는 무엇이었나요?

A. 우선 사진을 찍어둡니다. 그러고는 오늘은 이곳을 꼭 정리

하고 만다 다짐하면 그날은 어떻게 해서든지 그곳을 정리
할 수 있습니다.

Q. 정리가 어려운 분들에게 해주고 싶은 말씀이 있나요?

A. 저는 정리라는 것을 배우지 못하고 자랐습니다. 정리도 배
워야 한다는 것을 알게 되었습니다. 정리하기 어려운 물
건이라면 쓰임새가 비슷한 것은 한 개만 두고 없애보세요.
물건을 사기전에 '자신에게 꼭 필요한가? 그것의 대체품은
있는가? 그것을 사기 위해 따로 돈을 모으고 있는가? 왜 사
야만 하는가?'를 생각해보면 좋겠습니다.

〈2장〉
정리란 무엇인가?

아인슈타인이 사망한 뒤, 세상에 공개되었다. 책상은 수많은 노트와 서류로 가득했다. 책상을 어수선하게 사용하는 사람들이 "내 책상은 아인슈타인형 책상이야."라며 좋은 핑곗거리로 삼을 정도다. 세기의 천재였던 그가 정말로 정리를 못 하는 사람이었을까?

'정리가 잘 되어 있다.'라고 하면 보통 어떤 느낌이 드는지 떠올려보자. 순서대로 잘 꽂힌 책, 재활용품을 이용한 통에 조금씩 예쁘게 담아둔 문구류, 똑같은 크기로 접은 옷가지 등이 떠오르는가? 하지만 이런 모습은 사실 정리보다는 '수납'이라고 해야 맞다. 정리는 영어로 'Organizing'이라고 하는데, 우리가 사용하는 업무용 다이어리를 '플래너planner' 또는 '오거나이저organizer'라고 부르듯이 어떤 것을 체계화한다는 의미가 있다. 아울러 자원을 효과적으로 통제하는 기술을 말한다.

2010년 5월 정리컨설턴트로 활동을 시작했고, 2019년 12월에 '정리력' 수업을 진행했다. 당시 정리교육이 생소한 수강생들에게 정리에 대한 개념부터 알려야 했다. 정리의 사전적 의미는 "쓸 것과 쓰지 않을 것을 구분하는 것"이다. 이를 더 현실에

와닿게 "정리는 원하는 결과물을 만들기 위해 시스템을 만드는 것"이라고 소개했다.

정리는 일과 삶에서 원하는 결과물을 만드는 활동이다. 결과물은 직장인에게는 성과, 학생에게는 성적, 주부에게는 행복과 건강 같은 목표나 바람이라 말할 수 있다. 시스템은 쉽고, 빠르고, 체계적으로 문제를 해결할 수 있는 방식이나 방법을 의미한다. 어두운 방에는 조명 시스템, 넓은 강의장엔 음향 시스템이 필요하듯 정리된 공간을 만들기 위해서는 수납 시스템_{제자리, 라벨링, 수납 도구 활용 등}이 필요하고, 시간과 인간관계를 정리하기 위해서도 적절한 시스템을 갖춰야 한다.

시스템을 만들기 위해서는 '규칙'과 '도구'를 연결해야 한다. 정리를 실천하기 위해서는 실천해야 할 규칙과 실천을 돕는 도구가 필요하다. 예를 들어 정리교육에서 가장 많이 물어보는 질문 중 하나인 '입었던 옷' 정리하기다. 갈아입은 옷이지만 바로 세탁하지 않고 몇 번 더 두고 입어야 한다면 트롤리 같은 일정한 보관 장소와 수납 도구를 활용하기를 권한다. 사용하는 물건들의 용도와 횟수에 맞게 규칙이나 수납 도구를 사용하면 정돈이 정리된 공간을 꾸준히 유지할 수 있다.

아인슈타인의
가장 중요한 도구

다시 아인슈타인의 책상 이야기로 돌아와보자. 아인슈타인에게 어느 날 기자가 찾아와서 그의 실험실을 보여달라고 요청했다. 아인슈타인은 딱히 보여줄 것이 없다며 사양했다. 기자는 최고의 과학자가 사용하는 실험실이란 얼마나 멋진 곳일까 기대감에 부풀어 실험실을 꼭 보고 싶다고 재차 부탁했다. 그러자 아인슈타인은 주머니에서 만년필을 꺼내 보여주며 "이것이 나의 과학 장비지요." 라고 말했다. 기자는 무척 당황해서 그러면 과학 장비 중 제일 중요한 것을 보여달라고 요청했다. 그러자 아인슈타인은 옆에 있던 휴지통을 가리키며 "바로 저것입니다." 하고 말했다. 기자가 당황스러워하자 아인슈타인은 웃으며 말했다.

"일상생활 도중 머릿속에 뭔가 떠오를 때면 그때마다 잊어버리지 않도록 만년필로 메모하고 골똘히 생각합니다. 내겐 메모하고 계산할 수 있는 만년필과 필요 없는 메모지를 버릴 수 있는 휴지통만 있으면 충분합니다."

바로 아인슈타인에게는 자신의 연구를 최고로 서포트하는 시스템이 메모였고, 그보다 중요한 건 필요 없는 메모를 버리는 일이었다. 아인슈타인의 유명한 명언 "천재는 혼란을 지배한다."라는 말처럼 정리란 자신의 삶과 공간의 혼란을 지배하는 것을 말한다. 다시 말해 일상의 혼란 속에 끌려다니는 것이 아니라 삶의 주인이 되어 상황을 통제하는 것이다.

정리는 모든 자기계발의 출발점이다. 책상을 정리하면 업무가 정리된다. 업무가 정리되면 퇴근 후의 삶도 달라진다. 정리는 현재의 변화를 미래의 변화로 이끄는 첫 번째 단계가 될 수 있다. 지갑 하나를 정리할 수 있으면, 곧 인생까지 정리할 수 있다.

정리는
돈이다

　　쉽게 웃지 못할 이야기지만, 실제로 정리하지 않아서 새는 돈은 한 가정당 평균 월 30만 원 정도다. 이 데이터는 '영수증 정리하기' 미션을 통해 한 달 동안 구매 후 받은 영수증을 모아 실사용한 물건을 파악하여 나온 계산된 수치다. 한번은 자영업을 하시는 사장님 댁을 정리했다. 서류 더미 속에서 보험사에 청구하지 않은 병원비 영수증이 나왔는데, 그 액수가 150만 원이었다. 이미 2년이나 지난 영수증이라 받을 수도 없는 돈이었다. 정리하지 않아서 낭비되는 돈의 예는 이 밖에도 다양하다.

❖ 고지서 미납으로 발생하는 연체료, 벌금

❖ 사용량보다 많이 내는 전화, 인터넷 요금

❖ 사둔 줄 몰라서 새로 사는 치약, 칫솔, 샴푸 등 각종 생활용품

❖ 사 놓고 읽지 않는 책, 신문, 잡지

❖ 유통기한이 지나서 버리는 음식물

❖ 어디에 얼마를 쌓았는지 몰라서 제대로 못 쓰고 소멸하는 마일리지

❖ "늦었으니까 내가 쏠게" 하면서 낭비하는 지출

❖ 사고 후회하는 충동구매 물건

❖ "이번 한 번만" 하면서 계속 사는 담배, 커피, 간식 등 기호식품

❖ 미루는 사이에 더 심해진 충치, 각종 질병 등의 병원 비용

❖ 제때 해지하지 않아, 계속 요금이 청구되는 구독 서비스

일부 사례만 보아도 시간, 공간, 인간관계를 정리하지 않아서 낭비되는 비용이 엄청나다는 것을 알 수 있다.

정리는
시간이다

직원 공간을 정리하기 위해 경기도에 있는 한 미용실에 방문했다. 미용실의 직원 공간이란, 직원들이 식사하고 휴식하며 비품을 보관하고 시술을 준비하는 장소다. 창고, 세탁실, 부엌, 준비실 등 다양한 기능이 이 공간에 녹아들어 있기 때문에 무심코 사용하면 금세 어수선해지기 쉽다.

직원 공간 바닥에 상자째 놓여있는 미용 물품들과 배달 음식 때문에 통로가 막혀 있었다. 그래서 바쁘게 준비하는 직원들끼리 서로 자주 부딪히곤 했다. 식사하기 위해 마련한 그릇들은 아무렇게나 쌓여 있어서, 식사를 준비하려면 그릇을 꺼내는 것만 해도 큰일일 듯싶었다. 선반 속 재고는 검은 비닐봉지에 쌓여 있어서 필요한 물건이 있을 때마다 봉투를 열어보아야만 했다. 이 모든 지체의 요소가 빠른 서비스를 요구하는 미용업에 큰 손실을 줄 수 있는 부분이었다.

❖ 물건과 사람을 피해 지나가느라 낭비되는 시간 하루 수십 회 '10분'

❖ 정리 안 된 그릇을 찾고 제자리에 돌려놓는 시간 하루 4회 '10분'

❖ 재고품을 찾느라 낭비되는 시간 하루 1회 '3분'

❖ 이미 개봉한 약품을 못 찾고 새 제품을 뜯는 시간 하루 1회 '30초'

❖ 손님용 커피와 컵을 찾기 어려워 허비되는 시간 하루 5회 이상 '3분'

총 26.5분

어림잡아 최소한으로 짐작해도 직원 1인당 정리가 되지 않아 낭비하는 시간이 약 26분이었다. 근무하는 직원이 8명이니 정리 때문에 낭비되는 시간이 하루에 약 3시간 반에 이르는 것이다. 가장 크게 낭비되는 시간은 지나다닐 공간이 확보되지 않아서 이동에 낭비되는 시간이었다. 선반의 재고를 정리해 바닥에 나와 있던 비품을 전부 선반에 놓았다.

두 번째로 시간이 낭비되는 곳인 싱크대에는 너무 많은 물건이 있었다. 한 명씩 돌아가며 식사하는 구조라 그렇게 많은 주방용품은 필요 없었다. 1년 이상 사용하지 않은 주방용품을 다 버리고, 두세 명의 직원이 사용할 분량의 식기만 밖에 꺼내두었다. 그러고 나니, 하루 동안 방문하는 수십 명의 손님에게 신속히 다과를 준비하기에 알맞은 공간이 탄생했다.

다음으로 검은 비닐봉지에 쌓여 있던 작은 비품들을 꺼내어 종류별로 투명한 지퍼백에 넣어 정리했다. 또 바구니별로 다른 물품을 보관해 바구니만 꺼내면 물건을 금세 찾을 수 있도록 수납했다. 이제 물건을 찾을 때마다 비닐봉지를 풀어보며 낭비하는 시간은 사라질 것이다.

정리와 효율적인 시간 활용의 상관성은 서비스 공간이나 사무 공간 등 비용 대비 생산성을 극대화해야 하는 곳에서 특히 두드러진다. 재고 정리, 비품 정리, 서류 정리가 잘 되어 있어야 직원들의 소중한 시간을 아낄 수 있기 때문이다. 가정에서도 마찬가지다. 자주 사용하는 주방용품만이라도 편리한 위치에 놓으면, 하루 세끼를 요리하느라 바쁜 주부에게 차 한 잔 마실 여유가 생긴다.

다이어리와 플래너를 사용해야만 시간을 관리할 수 있는 것이 아니다. 일하는 공간, 그리고 일과 관련된 물건을 정리함으로써 낭비되는 시간을 줄이고 생산성을 높일 수 있다.

정리는
인테리어다

'드라마 속 멋진 집처럼 해놓고 살려면 인테리어밖에는 방법이 없다.' 혹시 이렇게 생각하는 분이 있을까? 포털사이트 메인을 보면 연일 '인테리어'나 '리폼하는 법' 등에 대해서 다양한 글이 주요 관심사로 올라온다. 하지만 아무리 멋지게 인테리어를 하더라도 정리가 되지 않은 집은 가치가 없다.

고객분이 의뢰한 마포구의 한 아파트는 화이트 톤의 세련된 집이다. 얼마전 태어난 아기를 돌보다보니 어느새 어수선해졌다. 장난감과 옷, 물티슈, 아기용 물품 등이 흩어져 있는 거실은 온 가족이 편히 쉬는 장소라기보다는 넓은 아이 방처럼 보였다. 식탁 위는 유치원 가정통신문과 영수증, 외출 후 벗어놓은 옷들로 뒤덮여 있었다. 아니나 다를까 이미 식탁에서 식사하지 않게 된 지 오래되었다고 했다.

우선 거실에서 불필요한 물건인 장난감은 아이 방으로, 옷은 옷장으로, 식탁 위의 서류는 서재로 제자리를 찾아주었다. 그러자 곧 원래의 멋진 모습이 드러났다. 싱크대에는 너무 많은 주방용품이 밖에 나와 있어서 어지러웠는데, 안 쓰는 물건은 버리고 자주 사용하지 않는 물건을 서랍과 선반에 수납하고 나니 넓은 공간을 조리대로 쓸 수 있었다.

단지 정리만 했을 뿐인데도 전과 같은 집이라고는 생각할 수 없을 정도로 넓고 쾌적한 거실과 부엌이 나타났다. 모델하우스라고 해도 될 정도로 멋진 집이었는데, 공간에 맞지 않는 물건과 잡동사니들 속에 가려져 있었다. 인테리어를 맡기기 전에 일단 정리부터 한번 해보자. 인테리어의 3분의 2는 마친 셈이다.

정리는
삶의 의욕이다

정리컨설턴트들에게 컨설팅 실습 기회를 제공하기 위해서 무료 이벤트를 진행했다. 꼭 컨설팅을 받고 싶다며 간곡히 이메일을 보내온 분이 있었다.

신림동에 사는 이 분은 집안 사정으로 갑작스레 작은 집으로 이사를 했다. 가구가 너무 많아 옷장을 처분했더니 정리하지 못한 옷들이 넘쳐났다. 건강이 좋지 않아 혼자 정리하기는 더욱 어려운 상태였다. 정리컨설턴트 네 명이 방문하여 이 공간을 진단하고 컨설팅을 해드리기로 했다. 현장에 도착한 우리는 문을 열자마자 집을 가득 채우고 있는 물건들 때문에 놀랐다. 발 디딜 틈이 없어 옷을 치워가며 들어가야 했다. 가구를 버리면서 꺼낸 옷들을 서랍장에 쑤셔 넣었는데, 다 들어가지 못한 옷들이 쏟아져 나와 있었고 방에도 가득 쌓여 있었다. 고객은 방의 한쪽 구석에서 생활하고 있었고, 주로 사용하는 공간은 컴퓨터 앞의 의자뿐이었다.

이런 공간에서 어떻게 생활하냐는 우리의 질문에 고객분은 답답하면 친정에 가서 자고 올 때도 있다고 했다. 집에서 새로운 사업을 준비 중인 고객을 위해 옷을 수납하는 공간과 업무 공간을 분리했다. 긴 벽면에 옷 서랍장과 행거를 설치하고, 창가 쪽 벽면에 TV, 책장, 책상을 배열하고 정리를 시작했다.

공간을 정리하기 위해서는 고객이 직접 버릴 물건을 골라야 하는데, 몸과 마음이 지친 고객은 버릴 물건을 고르는 것마저 힘들어했다. 삶의 의욕이 없는 것처럼 정신없이 펼쳐진 짐들 앞에서 어쩔 줄 몰라 하는 느낌이었다. 정리컨설턴트들이 버릴 만한 물건을 골라내면서 마음을 추스르도록 도와주자 고객분은 천천히 정리에 동참했다. 장판이 하나도 안 보일 정도로 바닥에 여유 공간이 없었는데, 차츰 장판이 보였다. 10시간이 넘도록 정리하고 나니 드디어 업무에 집중할 수 있는 공간, 그리고 옷을 찾을 수 있는 공간이 탄생했다.

"드디어 인간답게 살 수 있어서 너무 좋아요." 고객은 기뻐했다. 갑자기 찾아온 경제적 어려움으로 방 안에 내팽개쳐 있던 개인 물건들, 사무실 집기들이 제 자리에 똑바로 세워지자 방의 분위기가 달라졌다. 새롭게 태어난 공간에서 새롭게 준비하는 사업이 성공할 수 있을 거란 확신이 들었다. 그 후 6개월이 지난 뒤 고객분은 "덕분에 일이 너무 잘 되고 있어요. 메리 크리스마스!"라는 연말 인사를 보내왔다. 메시지 옆에 보이는 프로필 사진 속 표정도 훨씬 밝아 보였다.

정리란 좀처럼 바닥에서 치고 올라오지 못할 것 같은 삶에서 새로 무언가 시작할 동기를 유발하는 기적을 선사하기도 한다.

정리는
실행력이다

《무조건 행복할 것》의 저자 그레첸 루빈Gretchen Rubin은 1년 동안 행복 프로젝트를 시작하면서, 행복해지기 위해 우선 그동안 미뤄왔던 일을 해치워야겠다고 마음먹었다. 치과 진료받기, 세탁소 들리기 같은 일상생활에서 미뤄왔던 일을 목록으로 만들고 하나씩 실천했다. 어떤 일은 다른 일을 불러오면서 더 복잡해지기도 했지만, 어떤 일은 할 필요가 없는 일로 밝혀지기도 했다. 무엇보다 몇 달이 넘게 미루어 오던 병원 진료를 끝냈을 때의 그 행복감과 성취감이란! 상상도 할 수 없을 정도로 짜릿한 것이었다.

정리는 필요한 것과 불필요한 것을 구분하는 일이다. 80 대 20의 비율을 강조하는 파레토의 법칙에 따르면, 우리의 성과 중 80

퍼센트는 20퍼센트의 일에서 발생한다. 정리란 20퍼센트의 일에 집중하게 해준다. 꼭 필요하고 중요한 일에 초점을 맞추면 그 일을 잘할 수밖에 없다. 한 연구에 따르면, 다섯 가지 목표를 세웠을 때는 그 목표를 탁월하게 달성할 가능성이 33퍼센트밖에 되지 않았다고 한다. 하지만 목표를 한 가지 세웠을 때는 달성 가능성이 무려 80퍼센트로 올라갔다.

정리력 100일 프로젝트 미션 중 하나인 '하루 목표 세 가지 적고 실천해보기'는 이런 의미에서 실현 가능성에 목표를 둔 것이다. 사소하고 별것 아닌 프로젝트 같아 보이지만 실제로 한 분은 "우와, 이거 신기하네요! 그저 끄적거리기만 했는데, 정말 다 해내 버리다니."라면서 감탄한다. '이런 실행력이 내 안에 숨어있었다니, 어디서 갑자기 나타난 것일까?' 마법같이 느껴질 수도 있다. 바로 그 '끄적거리는' 행동이 실행력을 높여주는 핵심이다.

대부분 매일 아침 '아, 오늘도 할 일이 너무 많아 큰일이네.'라고 막연하게 생각한다. 오늘 꼭 이루어야 할 목표를 딱 세 가지만 정하면, 어떤 일이 더 중요한지 비교하고, 판단하고, 선택하게 된다. 목표가 세 가지뿐이니 꼭 이루겠다는 마음이 생겨 실행 가능한 일이 무엇인지를 판단하는 습관도 길러진다. 중요한 일이 하루 만에 끝나지 않는다면, 그것을 쪼개서 실행 가능한 일로 만드는 능력도 생긴다.

정리는
기회다

정리가 가져다주는 긍정적인 실익은 돈, 시간, 환경, 의욕, 여유, 실행력, 창조력을 꼽을 수 있다. 《행운을 부르는 습관》의 저자 리노이에 유치쿠李家幽竹는 행운을 불러들이고 싶으면 무엇보다 사무실 책상 등 자기 주변을 깨끗하게 정리하라고 강조한다. 쌓인 물건은 무너지기 마련이고, 낡은 것엔 어두운 기운만 가득하기 때문이다.

베스트셀러 《아무것도 못 버리는 사람》을 쓴 정리컨설턴트 캐런 킹스턴Karen Kingston 역시 "잡동사니가 쌓여가고 있다면 당신의 삶에 분명 문제가 있다."라며 "집과 일터가 생명 에너지가 흐르는 공간이라면 잡동사니는 당신의 에너지를 어지럽히고 혼탁하게 만들 것"이라고 강조한다.

《12가지 인생의 법칙》의 저자이자, 유튜브를 통해 국내에서도 잘 알려진 캐나다의 임상심리학이자 문화 비평가 조던 B. 피터슨Jordan B. Peterson은 방청소를 강조한다. 그는 "당신이 보고 있는 방은 거주하는 공간에 대한 당신의 선입견"이라고 말하며, 방은 무한의 잠재력을 가진 공간이라고 말한다.

정리하면 쓸데없이 낭비되던 돈, 시간, 에너지가 제자리를 찾게 된다. 그로 인해 마음의 여유와 실행력, 그리고 창조력을 얻게 된다. 이 모든 변화에서 얻을 수 있는 것은 새로운 기회가 아닐까?

정리력 카페 유명인 건이 엄마는 정리 덕분에 극적으로 삶이 바뀐 분이다. 건이 엄마는 100일 동안 정리미션을 수행하는 '정리력 페스티벌'을 무려 세 번 완수했고, 세 번째 미션을 마치고 다소 의외의 글을 올렸다.

"가장 큰 변화 중의 하나는요. 신기하게 프로젝트 미션 중 미래 일기 쓸 때에요. 딱히 계획에 있던 것도 아니고, 그냥 꿈이라서 쓴 건데요. 2차 미션에서는 넓은 집으로 이사 가기가 현실화되었고, 이번에는(3차 미션) 셋째가 생겼어요."

100일 정리 프로젝트를 진행하는 동안 넓은 집으로 이사하고, 원하는 딸을 임신했다니. 어찌 보면 정리와는 전혀 상관없는 내용이었다. 돈 모으고, 아이를 갖고 싶은 사람들에게 100일 기도보다 100일 정리를 추천한다면? 무슨 뚱딴지같은 소리냐는 반응일 텐데 100일 정리 프로젝트를 실천해 본 이들에게는 이 말이 어떤 의미인지 잘 알 것이다.

정리를 실천하면 삶에서 원하는 기회를 만들 수 있다. 무엇을 하고 싶다는 생각에서 머물지 않고, 원하는 것을 얻기 위해서는 몸을 움직여야만 한다. 실천하다 보면 원하는 것을 얻을 수 있다. 메일 주어진 정리미션을 하나씩 수행하기 위해 15분이라는 짧다면 짧은 시간 동안 움직였고, 그 실천이 삶에서 간절히 원하는 것을 향해 한 걸음씩 나아가게 한 것이다.

정리를 실천한 사람들은 정리를 기적이라고 말한다. 그 기적은 허상이 아니다. 누구나 경험할 수 있고, 이미 수많은 사람이 그 기적을 직접 체험했다. 정리 후기를 보면 '간증' 같다는 말이 있을 정도다(우스갯소리지만 정리를 전파했다고 나를 '정리교' 교주라고 말하는 분도 있다). 지금 당신의 삶에서 원하는 것이 있다면, 기회를 얻고 싶다면, 일단 정리를 시작하기 바란다. 작은 실천을 통해 정리의 기적을 당신도 경험할 수 있다.

2부

정리하는
습관의 기적

〈3장〉
정리로 성공한 사람들

　　정리는 개인의 삶을 바꿀 뿐만 아니라, 기업의 운명을 바꾸기도 한다. 작은 부품과 재고를 관리하는 제조업 분야에서는 일본의 재고 관리 방식인 '3정 5행'이라는 정리 시스템을 도입하고 있다. 3정은 정품Right Product, 정량Right Quantity, 정위치Right Location를 뜻하고 5행은 정리Seiri, 정돈Seiton, 청소Seisoh, 청결Seiketsu, 질서Shitsuke를 말한다. 제조업이 아니더라도, 일목요연한 정리는 모든 분야에서 성공할 힘을 가져다준다. 다양한 사례들을 살펴보자.

3정3R

- 정위치Right Location : 재료, 부품, 완제품, 공구 등등을 정해진 위치에 보관하는 것
- 정품Right Product : 규격화된 재료, 부품을 구매하여 작업표준에 맞게 보관하는 것
- 정량Right Quantity : 최대 보유량 및 최소 보유량을 정하여 필요한 수량만큼 보관하는 것

5행5S

- 정리Seiri : 필요한 것과 필요 없는 것을 구분하여 필요 없는 것을 버리는 것
- 정돈Seiton : 필요한 것을 쉽게 찾아 사용할 수 있도록 각종 물품의 보관 수량과 보관 장소를 표시하거나 가지런히 놓는 것
- 청소Seisoh : 작업장의 벽, 바닥, 설비, 비품 등의 구석구석을 닦거나 쓸어서 먼지, 이물 등을 제거해 깨끗하게 하는 것
- 청결Seiketsu : 문제점(결함)이 발생했을 시 바로 찾을 수 있도록 정리, 정돈, 청소 상태를 유지해 쾌적한 환경을 만드는 것
- 습관화Shitsuke : 정리, 정돈, 청소, 청결을 습관적으로 몸에 익혀 생활화하는 것

출처 | 나무위키

오케이몰의
아침 정리 시간

2000년 초, 퇴직금 3,700만 원으로 다섯 평짜리 사무실에서 시작한 오케이몰은 6년 만에 업계 매출 1위를 달성했다. 뿐만 아니라 10년 만에 1,000억 원대의 매출을 올리고, 2010년 기업혁신대상에서 국무총리상을 받았다. 현재 국내 최대 규모의 명품 이커머스로 17년 연속 매출 성장 및 18년 연속 영업이익 흑자를 기록하고 있으며, 연평균 50퍼센트 이상의 매출 성장세를 보이고 있다. 그렇다면 오케이몰의 장성덕 대표가 직원들에게 강조하는 기본은 무엇일까? 그는 저서 《오케이아웃도어닷컴에 OK는 없다》에서 "모든 일의 시작은 정리정돈"이라고 강조한다.

이 회사는 8시 30분이 출근 시간으로 정해져 있지만, 8시 20

분이면 모든 직원들이 회사에 도착해 있다. 바로 청소를 위해서다. 5분간 각자의 자리를 청소하고, 또 5분 동안 공통 구역을 청소하는데, 책상을 중심으로 3~4미터 이내의 공간을 먼지 하나 없을 정도로 청소한다. 청소 시간은 직급에 관계없이 모든 직원들이 하나가 되어 참여한다. 아침 인사를 나누고 업무에 집중할 수 있도록 깨끗한 사무실 환경을 만드는 시간이다. 함께 일하는 사무실을 깨끗하게 함으로써 업무 몰입도를 높일 수 있다는 철학이 반영되어 있다.

이런 '정리정돈'의 철학은 회사 곳곳에 깃들어 있다. 심지어 5만 가지의 물건이 모인 물류 센터조차 지저분하면 팀장이 질책을 받는다고 한다. '대표가 시키니까 어쩔 수 없어서 하겠지'라고 생각할 수도 있지만, 직원들 역시 정리, 정돈, 청소 습관이 몸에 배어 있다. 상품기획 1팀 김주미 팀장은 〈조선일보〉와의 인터뷰에서 이렇게 이야기했다.

"우리 회사는 청소로 하루를 시작합니다. 8시 20분부터 10분 동안 사장님 이하 전 직원이 자기 자리와 맡은 구역을 청소합니다. 본인이 맡은 구역의 청소가 소홀하거나 문제가 생기면 책임을 지겠다는 각오로요. 그렇게 청소한 뒤, 8시 30분부터 10시까지 다른 사람의 방해를 받지 않고 집중해서 맡은 일을 처리합니다. 협력사들에도 이 시간만큼은 피해서 전화해달라고 부탁합니다. 청소 후 개운한 마음으로 업무에 몰입하니 확실히 효율성이 높습니다."

청소뿐 아니라 시간정리도 잘 되어 있는 것이다. 회사가 직접 운영하는 오프라인 매장 역시 체계적인 시스템으로 유명하다. 매장의 모든 행거에는 일련의 바코드와 고유번호가 부착되어 어떤 제품이 어떤 행거의 몇 번째에 걸려 있는지도 모두 알 수 있다. 또한 고객이 옷을 입어본 뒤 아무 곳에나 걸어놓지 않도록 황금색 바구니를 비치해 직원이 다시 제자리에 정리할 수 있도록 했다. 이를 통해 고객에게 편의를 제공하고, 매장에서는 제품의 위치와 재고 상황을 바로 파악할 수 있다. 오케이몰에서 만들어낸 시스템이 300개가 넘는데, 한 시스템당 천 번이 넘는 수정, 보완 과정을 거쳤다고 한다.

판매상에게서 최대한 가격을 깎는 방법, 최대한 이윤을 많이 남기면서도 고객이 합리적이라고 느낄 만큼 가격을 책정하는 방법 등 보통은 자기만의 경험을 통해서만 알 수 있는 애매한 노하우를 모두 매뉴얼로 정리해 MD들에게 제시하고 있다. 오케이몰은 이런 체계적인 시스템 속에서 엄청난 성장률을 보이고 있다.

이 책의 초판을 읽으신 장성덕 대표께서 직접 연락주셔서 사무실에 방문한 적이 있다. 책에 소개된 오케이몰 사례는 자료조사에 의한 내용이라 직접 뵙고 기업 경영에 대한 조언도 듣고, 무엇보다 사무실을 둘러볼 절호의 기회를 갖게 된 것이다. 그날 대표님과 미팅하며 사무실 투어를 하며 가장 놀랐던 것은 아무것도 없는 책상이 많아 직원 퇴사로 발생한 결원의 빈자리라고 생각했는데, 근무하는 직원이 있다는 것이었다. 기업 정리컨설팅을 의뢰했던 곳 중 온라인 쇼핑몰을 운영하는 회사가 많은데, 샘플과 택배 송장이나 주문서 등 물품이 수북이 쌓여 있던 사무실에 익숙해 있던 나에겐 큰 충격이었다.

　　미팅을 마치고, 궁금했던 물류센터 사진과 사무실 정리정돈 관련 매뉴얼을 받았다. 사용 빈도가 높으면 지저분해지기 쉬운 화장실 같은 공용 공간이나 신입 직원이 사용하거나 관리하기 어려운 가전제품에는 사용법과 청소 방법이 매뉴얼화되어 있었다. 2013년 방문 시 받은 자료나 오케이몰의 허가를 받은 사진 몇 장을 소개한다.

오케이몰

옐로우햇의
화장실 청소하는 사장님

농업 고등학교 졸업 후, 자동차용품 회사에 다니다가 창업하고 자전거 한 대로 영업을 시작한 가기야마 히데사부로鍵山秀三郎. 그는 36년 만에 한 해 매출액이 1조 원인 회사 '옐로우햇'을 만들었다. 자동차용품 및 정비 서비스 전문 기업인 옐로우햇은 일본의 480개가 넘는 점포 이외에도 중국, 대만, 중동에서 매장을 운영하고 있는 큰 기업이다. 옐로우햇의 창업주 가기야마 히데사부로는 무려 40년간 하루도 빠짐없이 화장실 청소를 하고 있는데, 이것이 바로 자신의 성공 비결이라고 이야기한다.

한국에도 출간된 그의 책《머리 청소 마음 청소》에서 청소를 시작하게 된 일화를 밝히고 있다. 그가 처음 회사를 시작했을 때,

회사 상황이 좋지 않아 분위기가 나빴다고 한다. 그는 월급을 올려줄 수도, 복지 혜택을 줄 수도 없는 직원들을 위해 자신이 해줄 수 있는 일이 없을까 생각하다가 회사를 청소하기 시작했다. 부정적인 생각이 깃든 직원들이 기분 좋게 일할 수 있는 환경을 조성하는 방법으로 청소가 가장 좋을 것이라고 판단한 것이다. 그는 "사람은 눈에 보이는 것에 자신의 마음도 닮아가는 존재다. 복잡하고 혼란스러운 환경을 청소하거나 정돈함으로써 머릿속과 마음이 똑같이 청소되고 정리된다. 복잡한 환경에 둘러싸여 있으면 머리도 마음도 정리될 수 없다."라고 말하며 환경의 중요성을 강조했다.

그 모습을 본 직원들은 "사장님이 청소하시다니?"라고 수군거리며 시간이 많은 사람이나 하는 일, 중요하지 않은 사람이 하는 일, 허드렛일 정도로 인식하고 있던 청소를 사장이 직접 하는 것에 의아해했다. 처음에는 그냥 유별난 행동이라고 생각하는 분위기였지만 현관, 복도, 사무실, 심지어 화장실까지 깨끗해지면서 직원들의 모습이 변했다. 하루도 거르지 않고 장갑도 끼지 않은 맨손으로 변기에 손을 넣어 청소하는 사장의 모습에 감동받은 것이다.

그때부터 사장이 아무에게도 권하지 않았는데도, 직원들이 스스로 청소하기 시작했다. 직원 전원이 자발적으로 청소에 동참하기까지 20년이라는 세월이 흘렀다. 가기야마 히데사부로는 평소에도 정리 정돈하는 습관을 강조한다.

　　고민이 있는 사람들의 공통점은 한숨이 나오고 자세가 흐트러지고 호흡이 얕고 불면증이 생긴다는 것이다. 생각만으로는 아무것도 이룰 수 없다. 자리에서 일어나 행동으로 옮기지 않으면 망상, 잡념으로 가득 차고 적극적인 사고력이 쇠퇴하며 모든 것을 귀찮아 하게 된다. 악순환의 고리를 끊고 좋은 생각으로 바꾸기 위해서는 손이 닿는 곳부터 정리하며 몸을 움직이고 행동해야 한다.

　　그는 회사를 깨끗하게 정리하고, 회사가 위치한 동네까지 청소했다. "자동차 용품 회사다 보니 자동차들이 많이 드나들게 되었고, 지역 주민들에게 본의 아니게 폐를 끼치고 있다는 생각이 들었다. 보답하는 마음으로 청소를 시작했다."라고 그 이유를 밝히고 있다.

　　처음에는 하는 척만 하겠거니 비웃던 주민들도 꾸준히 청소하는 그의 모습에 감동받아 동참하기 시작했다. 회사에 좋은 이미지를 갖게 된 것은 물론이다. 나아가 그의 '화장실 청소하기'는 다른 기업 경영인 및 자영업자들이 동참하여 10만 명을 넘어섰으며 '일본을 아름답게 만드는 모임'까지 만들어졌다. 그는 자신뿐만 아니라 청소를 하는 모든 사람이 자신처럼 변할 수 있다고 강조했다. "작은 일도 정성을 담아 10년을 하면 위대해지고, 20년을 하면 두려울 만큼 거대한 힘이 되고, 30년을 하면 역사가 된다." 명언이 아닐 수 없다.

이랜드 그룹의
정리 스피릿

이랜드는 1980년 후반에 이화여대 앞 두 평짜리 옷 가게 '잉글런드'에서 시작하여 글로벌기업으로 성공한 이례적인 성공 케이스에 속한다. 이랜드 그룹 창립 40주년인 2020년에는 연매출이 10조에 달했고, 국내 매출액으로는 패션업체 가운데 제일모직, LG패션, 코오롱패션보다 월등히 앞선 모습을 보여주었다.

이랜드 신화는 그저 이루어진 게 아니다. 사무실 공간이 절대적으로 부족한 상황에서 회사가 커져나가자 이랜드는 사무실보다 중요한 인재를 계속 뽑으면서 하나의 책상을 여러 명의 직원이 공유하도록 했다. 그러다 보니 한 사람이 정리 정돈을 하지 않으면 엉망진창이 될 수밖에 없었고, 그래서 생겨난 정리 정돈의 전통이 업무 능률을 올리는 생활습관으로 변했다.

'이랜드 스피릿'에는 총 18가지가 있는데, 그중 하나가 '정돈, 청결, 위생'이다. "우리는 정돈, 청결, 위생이 성공의 노하우 중 하나이며 사업의 중요자산의 하나임을 깨달아야 한다."라고 명시해 놓고 있다. 서울 창전동 이랜드 본사에선 직원들이 청소하는 모습을 쉽게 볼 수 있다. 건물과 화장실 청소는 물론 사무실 유지 보수, 페인트칠까지 전부 용역을 쓰지 않고 직원들이 직접 한다. 청소원이 따로 없어 과장급까지 누구나 예외 없이 청소를 하는데, 이를 통해 건물을 아끼는 마음을 갖는다고 한다.

이와 관련한 에피소드가 있는데, 1990년 겨울 졸업을 앞둔 한 여대생이 신입사원 면접을 보러 이랜드 사옥을 방문한 적이 있다. 중년 남성 여러 명이 로비에서 청소하고 있기에 그녀는 사람 좋아 보이는 한 '아저씨'에게 면접 장소를 물었다. 몇 시간 뒤 면접장에서 그 '아저씨'를 만나 깜짝 놀랐다고 한다. 그는 다름 아닌 이랜드 그룹의 박성수 회장이었다. 박성수 회장도 시흥동 사옥 시절까지 사무실과 화장실 청소를 직접 했다. 이랜드 스피릿과 이랜드 FS 매뉴얼에 따르면, 자세한 행동 지침까지 설명해 놓았다고 한다. 예를 들어 "1,000억이 넘는 건물은 관리 상태에 따라 100~200억 차이"가 날 정도로 청소와 정리 정돈이 중요하다는 것이다.

이랜드 블로그를 보면 다른 기업 블로그에 비해 유달리 정리 정돈, 청소를 잘하는 사원들 이야기가 많다. 블로그에 소개된 한 직원은 몰래 화장실을 청소하다 포착이 되어 인터뷰가 실렸다. 그 사원은 "청소 당번은 아니지만 내가 먼저 왔기에 하는 거고 내가 먼저 보았기에 하는 것뿐입니다. 청소하면 깨끗해지고 깨끗해지면 기분이 좋잖아요."라며 청소의 모범을 보이고 있다. 이랜드 직원들은 자신의 업무는 물론이고, 사무실의 효율적인 운영을 위해 스스로 정리 정돈하는 습관을 공유하고 있다. 이 습관은 모든 자료의 파일화, 색인 작업, 잊을지 모르는 메모는 아예 외우기 등 업무에 직접적으로 도움이 되는 습관으로 이어졌다. 정리 정돈을 지속적으로 하면 업무 집중력이 높아지고, 자료 관리와 시간 활용에도 큰 도움이 된다고 생각하는 사원이 대부분이라고 한다.

청소의 힘을 믿지 않았던
청소회사 CEO

국내에서는 《청소력》이라는 책으로 잘 알려진 마쓰다 미쓰히로舛田光洋에게는 아픈 과거가 있다. 운영하던 청소 회사가 도산하고 엄청난 빚더미 속에서 개인 파산과 이혼이라는 아픔을 겪은 그는 1년 동안 집에서 은둔형 외톨이처럼 지냈다. 어느 날 친구가 갑자기 찾아와 "너, 그렇게 살지 마라. 일어설 수 있는데 그렇게 살면, 인생에 큰 죄를 짓는 거다!"라며 꾸짖었다. 그를 재기시키기 위해 친구가 가장 먼저 시작한 것은 바로 청소였다.

오랫동안 꾹 닫혀있었던 방의 문과 창문을 모두 활짝 열고 환기를 시켰다. 방 안의 가재도구를 모두 밖으로 버리고 바닥과 벽을 닦았다. 단순한 청소가 아니라 마치 새집으로 이사 온 것처럼 느껴질 정도로 깨끗이 닦았다. 둘은 목욕탕에서 몸까지 깨끗이 닦은 뒤 재활용 센터에 가서 중고 가재도구와 옷가지 몇 벌을 사서 새롭게 출발했다. 이후로 마쓰다 미쓰히로는 절망적인 삶에서 일어날 의지를 다지게 되었다. 그전까지는 청소 회사를 운영하면서도 청소의 힘을 믿지 않았다. 청소 자체를 좋아하지 않았다. 하지만 청소의 힘을 믿고 강한 의지로 그를 변화시키려고 한 친구 덕분에 청소의 힘과 마음의 힘이 연결되어 있음을 알게 되었다.

그는 청소 회사에서 아르바이트하고 인터넷에 칼럼을 올렸다. 곧 6개월 뒤에는 청소 회사의 이인자가 되었고, 몇 년 후에는 최고경영자로 스카우트되었다. 지금은 일본 최고의 청소 전문가이자 성공학 강사로 활동하고 있으며, 그의 저서는 일본에서만 200만 부이상 팔린 베스트셀러가 되었다.

미국 대통령이라면 꼭 따라 하는
아이젠하워의 법칙

미국의 여러 대통령이 집무 원칙으로 삼고 있는 것이 있다. 바로 '아이젠하워의 법칙'이다. 이 법칙은 어지러운 상태를 간단히 정돈해주는 방법으로 유명하다.

먼저 빈 책상이나 바닥을 4등분으로 나눈다. 그다음 책상에 있는 물건들을 4등분한 공간 중 한 곳에 놓는다. 종이 한 장도 책상에 남지 않게 해야 한다. 정리하는 동안 다른 것에는 신경 쓰지 말고 하나씩 내려놓다 보면, 처음에는 절대로 불가능할 것 같았던 골치 아픈 일이 엄청난 에너지로 처리될 수 있다는 믿음이 생긴다.

4등분은 다음과 같다. 첫 번째는 버려야 할 구역이다. 커다란 상자를 갖다놓고 잡동사니를 버린다. 두 번째는 도움을 받아야 한다. 다른 사람에게 전달해서 해결될 것을 모아 놓는다. 책상 위나 머릿속에 너무 많은 서류와 업무를 쌓아 두는 것은, 다른 사람에게 부담을 주기 싫어하는 성격 때문일 수 있다. 아이젠하워 원칙에 의해 정리할 때는 그런 성격에서 벗어나 남이 된 것처럼 객관적으로 판단해야 한다. 일은 함께해야 더 잘할 수 있다. 동료, 가족, 아르바이트 학생 등 주변에서 받을 수 있는 도움을 최대한 생각해보는 것이다.

세 번째는 지금 해야 할 것들이다. 그곳에 모인 것들은 반드시 실행에 옮겨야 하기 때문에 가능한 한 엄격하게 처리한다. 네 번째는 연락할 서류들이다. 서면으로 처리할 계획이었던 것을 전화로 해결한다. 만약 상대가 통화하기 불가능하다면 세 번째 구역으로 바로 넘겨야 한다. 마지막으로 서류철에 끼워 놓을 수 있는 것들은 즉시 끼워 제 자리를 찾는다.

역사상 노르망디 상륙작전은 가장 복잡하고 규모가 큰 작전이었다. 육해공의 복합적인 지원 전략은 물론이고 지형, 조수, 기후 등의 변수도 만만치 않았다. 하지만 아이젠하워는 매우 성공적으로 이 작전을 성사시켰다. 만약 그에게 정리 습관과 복잡한 것을 단순화하는 습관이 없었다면 가능했을까? 그의 법칙이 아직도 유효하게 쓰이는 것은 '정리'가 시대를 불문하고 얼마나 중요한지 보여준다.

〈4장〉

무엇을 어떻게 정리할 것인가?

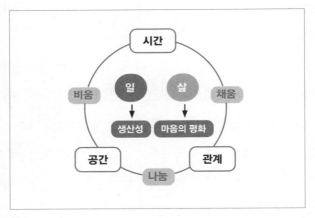

정리력

'정리'라고 하면 우선 어떤 것을 정리하는 것이 떠오르는 가? "책상 정리 좀 해." "나 이제 그 여자 정리할 거야." "총정리 문제집." "A회사 신규사업부문 정리하기로…" "교통정리 중." 정 리와 연관된 다양한 문장들이 있다. 정리와 연관된 말을 생각나 는 대로 적어보자.

일과 삶을
정리하라

책상, 컴퓨터 파일, 일정 등 정리해야 할 것들에는 여러 가지가 있다. 그러나 거시적으로 인간이라는 존재인 우리가 정리해야 할 대상을 크게 분류해보자면, 일Work과 삶Life 두 가지라고 할 수 있다.

첫 번째로 일을 살펴보자. 직장인에게는 업무, 주부에게는 가사, 학생에게는 공부 등 누구에게나 자신의 역할에 맞는 다양한 일이 있다. 성공한다는 것은 바로 그 일을 잘 해내는 것인데, 일을 잘하기 위해서는 자신의 일에 대한 정리가 필수다. 인간에게 주어진 자원에 한계가 있기 때문이다. 만약 시간을 멈출 수 있다면 일을 정리하지 않아도 될 것이다. 멈춘 시간 속에서 혼자서 하고 싶은 모든 일을 천천히 해나가면 된다. 그러나 누구에게나 하루는 24시간밖에 주어지지 않고, 혼자 할 수 있는 일도 매우 제한적이다. 일을 제대로 하기 위해서는 주어진 시간에 집중해야 하고, 반복적인 일에서 실수와 부주의가 발생하지 않도록 휴식 시간을 확보해 '생산성'을 높여야 한다.

직장에서 가장 많이 사용하는 물건은 컴퓨터와 각종 프로그램이다. 사무실에 비치된 복사기와 팩스 같은 공용 물품이나 스마트폰, 옷, 가방, 지갑 등의 개인 물품도 업무 생산성에 영향을 미친다. 주부라면 주방용품, 학생이라면 문구나 노트 등이 중요한 물건이다. 일을 잘하기 위해서는 이렇게 일과 관련된 물건을 정리하는 것이 꼭 필요하다. 자주 사용하거나 중요한 물건은 찾고 꺼내기 쉬운 곳에 보관한다. 물건의 사용법도 제대로 알아야 한다. 일본의 한 생산성 전문가에 따르면, 워드 프로세서 1급과 2급 자격증의 차이는 1년 동안 130시간 정도의 시간을 줄일 수 있음을 뜻한다고 한다.

두 번째로 삶을 정리해야 한다. 일하는 시간 외 나머지 시간을 의미 있게 보내고, 원하는 꿈과 목표를 이루고 행복한 인생을 살아가기 위해서는 정리가 필요하다. 종교적인 의미가 아니더라도 인간이 보편적으로 원하는 최고의 목표는 행복이다. 나는 이것을 '마음의 평화'라고 정의한다. 건강, 진로, 인간관계 등으로 불안과 걱정거리가 가득한 세상에서 자신을 지키는 데 가장 중요한 것이 마음을 지키는 일이다. 살아가는데 마음의 평화가 깨지는 요소는 크게 보면 낭비와 스트레스다.

그동안 가정집 정리컨설팅에서 옷장 정리 요청을 가장 많이 받았다. 옷장을 보면 그동안 사놓고 아끼느라 잘 안 입었는데 입으려 보니 사이즈가 안 맞고, 유행이 지나고, 보관을 잘 못 해서 손상된 옷이 가득하다. 옷장에는 구입을 위해 사용한 금전적, 시간적 손실이 가득한데(낭비), 주말에 있을 결혼식에 입을 옷이 없어서 옷장을 열면 한숨만 나오는 상황(스트레스)이 발생한다. 옷장뿐 아니라 치워도 치워도 티 나지 않는 공간, 불편한데도 일 때문에 만나야 하는 사람들 속에서 삶에서 마음의 평화를 확보하기 위해 정리가 필요하다.

정리의 3요소는 '정리, 정돈, 청소'다. 작은 의미에서의 정리는 불필요한 것을 제거하는 것이다. 정돈은 편리하게 사용할 수 있도록 대상에 주소지를 정하는 것이고, 청소는 더러워진 상태를 깨끗하게 만들어 최고의 상태를 유지하는 것이다.

이 3요소를 물건에 적용해보자. 물건을 '정리'한다는 것은 필요한 물건과 불필요한 물건을 구분하는 것이다. '어떤 서류가 중요할까?' '이 파일을 꼭 보관해야 할까?' 이렇게 가치 판단을 내린다. 물건을 '정돈'한다는 것은 사용하기 편리하게 만드는 것이다. 파일 정돈이 되어 있지 않으면, 보고서를 작성할 때마다 파일을 찾는 데 시간을 낭비하게 된다. 마지막으로 '청소'는 깨끗하게 사용하는 것이다. 거래처 미팅이 있을 때 깨끗하고 좋은 인상을 줄 수 있도록 옷이나 차림새를 관리하는 것이 좋다. 고객을 응대하는 데스크 역시 깨끗이 청소된 것이 고객을 배려하는 것이다. 일과 삶의 정리, 정돈, 청소도 같은 개념으로 이야기할 수 있다.

이제 정리해야 할 대상이 명확해졌을 것이다. 단순하게 생각하자. 일의 성공을 위해, 생산성을 올리기 위해, 삶의 행복을 위해, '마음의 평화'를 위해 정리하면 된다.

시간, 사람, 공간을 정리하라

'아시아의 피터 드러커'라고 불리는 세계적인 경영학자 오마에 겐이치大前研—가 말하길, 사람을 바꾸는 방법에는 세 가지가 있다고 한다. 인간의 삶을 변화시키는 가장 중요한 자원이 있는 것이다.

첫 번째는 시간 배분을 바꾸는 것이다. 예를 들어, 성공하는 데 필요한 일의 시간을 늘리는 것이다. 영어를 잘하고 싶으면 영어를 공부하는 시간을 더 늘린다. 거래처와 더 좋은 관계를 맺고 싶다면 거래처에 신경 쓰는 시간을 늘린다. 쓸데없이 낭비하는 시간을 차단하는 방법도 있다. 자투리 시간을 알차게 활용하거나 방해받는 요인을 없애는 것이다. 이를 위해 기준을 정해 시간 사용을 분류하는 것이 좋다. 일하는 시간과 그렇지 않은 시간, 혹은 꼭 해야 할 일과 하지 말아야 할 일을 나누어본다.

두 번째는 만나는 사람(인맥, 인간관계)을 바꾸는 것이다. 늘 만나는 사람이 아닌 새로운 자극을 줄 수 있는 사람을 만나면 인생이 달라질 수밖에 없다. 너무나 유명한 '맹모삼천지교'라는 말처럼, 날마다 사장인 친구를 만나면 사장처럼 생각하고 행동하게 된다. 날마다 학자인 친구를 만나면 그처럼 세상을 보게 된다. 늘 불평하는 친구들과 있다 보면 불평이 늘 수밖에 없다. 자신이 원하는 삶을 살아가는 사람들을 만나야 삶이 바뀐다.

도움이 되지 않는 사람은 정리하고, 새로운 동호회 활동을 하거나, 소셜네트워크를 이용해 새로운 인맥을 만들 수 있다. 여러분의 주소록 중에 몇 명이 여러분의 삶에 긍정적인 자극을 주고, 행복하게 해주는가?

세 번째는 사는 장소(공간, 물건)를 바꾸는 것이다. 이사를 가는 것이 아니라, 현재 살고 있는 장소에 새로운 결을 만들자는 뜻이다. TV 드라마나 파워 블로거들처럼 멋진 집에서 살고 싶다고 생각만 하지 말고, 방 안에 있는 물건부터 정리한다. 정리컨설팅을 한 뒤 어수선한 집에 들어가서 깨끗이 정리하고 나오면 집에 에너지가 생기는 느낌을 받는다. 고객이 무척 행복해하는 모습을 보면 '아, 정말 이 일을 하길 잘했구나'라는 보람을 느끼며 정리해주는 사람도 함께 행복해지는 경험을 수없이 했다. 공간정리란 단순히 물건을 치우는 것이 아니라, 인생의 짐을 치우는 것이고 새롭게 정비할 수 있도록 발판을 마련하는 일이다.

어제보다 나은 오늘을 만드는 변화의 씨앗은 바로 시간, 관계, 공간이다. 삶에 있어서 핵심적인 일과 물건이라는 요소를 정리하기 위해서는 이 세 가지 자원을 꼭 정리해야만 한다. 3부에서도 이 세 가지를 중점적으로 살펴볼 것이다.

정리의 1단계
; 비움

큰 의미의 정리, 즉 나 자신을 삶의 주인으로 만드는 정리를 위해서 '비움, 나눔, 채움'의 3단계를 실천하는 것이 중요하다. 그중에서도 비우는 것은 정리를 가장 중요한 첫 번째 단계다.

필자의 친구 중에 약속하면 꼭 늦게 오는 친구가 있다. "왜 늦었어?" 하고 물어보면, 입을 옷이 없어서 이것저것 입다 보니 옷 고르는 데만 30분이 걸렸다고 미안한 표정을 짓는다. 그 친구의 옷장에 걸려 있는 수백 벌도 넘는 옷의 실체를 알고 있는 다른 친구들은 그저 어이가 없을 뿐이다.

만약 옷장에 열 벌의 옷이 있다면, 외출복을 선택하는 데 그렇게 오래 걸렸을까? 정리 상태를 늘 유지하는 가장 쉬운 방법은 단순하게 사는 것이다. 복잡함과 혼란에 익숙하다. 혼란이란 오랜 시간에 걸쳐 만들어지기 때문에 자신도 모르는 사이에 그 소용돌이에 동화되고 만다. 우리 인생에 꼭 필요한 것이 있다면 바로 쓰레기통이다. 20세기 독일의 최고 작가 가운데 하나로 손꼽히며, 평화주의자로 유명한 쿠르트 투콜스키Kurt Tucholsky는 "커다란 쓰레기통이 건강한 질서의 시작"이라고 말했다. 우리는 쓰레기통과 친해져야한다. 여러분은 쓰레기통을 자주 사용하는가, 아니면 무언가를 잔뜩 쌓아두는가?

좀 더 효율적인 인생을 살고 싶다면 버려야 한다. 대부분 불필요한 일을 너무 많이 하고, 불필요한 물건을 너무 많이 가지고 산다. 오늘 아침에 일어나면서부터 지금 이 책을 읽고 있는 순간까지 가치 있는 시간만을 보냈는가? 상상해보라. 하루하루를 가치 있게 보내며 산다면 얼마나 멋진 일일까? 하지만 해야 할 일과 소유하고 있는 물건이 많을수록 그렇게 살기가 어려워진다.

인간은 본능적으로 무언가를 채우고 싶어 한다. 평범한 우리는 쇼핑센터에 가서 카트를 끌고 이곳저곳에 있는 상품을 채우기 바쁘다. 1980년대 대형마트에서는 80리터짜리 쇼핑 카드가 일반적이었지만, 현대에는 180리터짜리 쇼핑 카드가 일반적이다. 지난 2009년 〈타임〉이 선정한 '가장 영향력 있는 10인'에 선정된 브랜드 미래학자 마틴 린드스트롬Martin Lindstrom은 쇼핑 카트의 크기가 두 배 커지면 소비자는 30퍼센트 더 구매한다고 말했다.

인간의 집착 가운데 가장 강력한 것은 정보에 대한 집착이다. 특히 직장인은 집과 사무실에서 책, 서류, 컴퓨터 파일 등으로 자신의 공간을 가득 채운다. 그 정보 중 80퍼센트는 다시 사용하지 않을 정보일 텐데도 말이다.

단순한 것이 아름답다. 넘칠 정도로 풍족해야 좋다고 생각할 수도 있지만 적게 가지고 있을수록 더 많은 애정과 관심을 쏟을 수 있다. 사랑하는 사람은 자꾸 보고 싶고 만지고 싶다. 마찬가지로 사랑하는 물건은 자꾸 쳐다보고 관리하게 되지만, 그렇지 않은 물건은 잘 쳐다보지도 않고 꺼내지도 않는다. 우리가 가지고 있는 모든 물건과 정보는 사용을 목적으로 하는데, 사용하지 않고 갖고만 있으면 무슨 소용인가. 계속 모으기만 하다보면 그 물건은 잡동사니가 되어버리고 만다. 그 잡동사니는 여전히 사람에게 관심과 애정을 요구하기 때문에 우리의 시간과 에너지를 빼앗는다.

귀에 들리지는 않지만, 여러분이 소유하고 있는 물건은 끊임없이 관심과 애정을 요구하고 있다. "주인님, 만져주세요!" "한 번만 쳐다봐 주세요." 옷이 많을수록 관리하는 시간이 늘어나고, 외출할 때 고르는 시간도 오래 걸린다. 장식품이 많을수록 닦고 쳐다보는 시간도 길어진다. 우리는 물건을 단순화할 필요가 있다.

필요 없는 물건은 과감하게 정리하자. 소유하고 있는 물건 중 대부분이 불필요한 것일 수도 있다. 그런 물건을 꾸역꾸역 가지고 있으면 인생의 소중한 기회를 잃어버릴지도 모른다.

수많은 기업에서 단순함을 기업의 생존 전략으로 내걸고 있다. 2005년 컨설팅 기업 베인&컴퍼니의 조사에 따르면, 복잡성으로 인해 기업이 치러야 하는 비용은 전체 제품 원가의 10~25퍼센트를 차지하고 있다고 한다. 세계적으로 성공한 기업, 애플, 필립스 등은 기업 철학이나 경영 방향에서 단순함을 강조한다. 필립스에는 그만의 회의 문화가 있는데 '불필요한 회의를 하지 말자.'는 것이다. 회의하다가 다른 회의에 늦을 정도로 불필요한 회의가 잦은 것이 우리의 현실이다. 어떤 회사는 이미 회사가 망했는데, 망한 것에 어떻게 대처해야 할지 탁상공론만 하고 있었다고 한다.

단순, 단순, 단순! 나는 말한다. 당신의 일을 두 개나 세 개로 하라고, 백 개나 천 개가 아니라, 백만 대신에 반 다스로 셈하라. 그리고 당신의 계산이 당신 엄지손톱 위를 벗어나지 못하도록 작게 하라. 단순화하라. 단순화하라!

존경받는 작가이자 자연 철학자인 헨리 데이비드 소로_{Henry} David Thoreau가 한 말이다. 그는 월든 호숫가에 방 한 칸의 집을 지어 살면서 단순한 생활을 누렸다. 몇 개의 소지품과 자신과 친구, 사회를 위한 세 개의 의자만 갖추고 있었다. 그는 단순한 삶이란 최소의 필수품으로 사는 것이며, 단순할수록 신과의 관계 같은 중요한 일에 집중할 수 있고, 더욱 신성한 길을 추구할 수 있다고 믿었다. 삶이 단순할수록 우주의 복잡함이 줄며, 주변과 더욱 행복한 관계를 맺을 수 있다고 생각했다.

여러분의 공간을 채우고 있는 모든 것, 즉 물건, 일, 심지어 생각까지도 유효기간이 있다는 것을 인정하자. 모든 것에는 정해진 시간이 있다. 일정 시간이 지나면 떠나보내야 한다. 한 사장님의 책장을 정리컨설팅한 적이 있다. 사장님은 컨설팅을 진행하는 도중 스스로 전공 서적을 버리겠다고 결심할 만큼 내면적인 변화를 보이셨는데, 딱 한 가지 어린이용 위인전만은 버리지 못했다. 비싼 돈을 주고 사기도 했을뿐더러 교육적으로 매우 훌륭하기 때문에 아이에게 꼭 읽히고 싶다고 했다. 그런데 그 아이는 고등학교 2학년이었다. 사장님은 위인전을 한 권씩 읽을 때마다 용돈을 주면 아이가 읽을 거라며 열의를 보이셨지만, 고등학생에게 어린이용 위인전이 여전히 교육적일지 생각하지 못한 듯했다.

이처럼 시기가 지난 책, 이미 끝난 프로젝트, 더 이상 맞지 않는 옷, 전 직장에서만 유효했던 가치관 등 유효기간이 지난 것을 깨끗이 비우자. 이런 것을 비워야 효율적이고 지속적으로 성장하는 삶을 살 수 있다.

한 수강생은 정리력 강의를 듣자마자 집으로 가서 남자 친구가 준 곰 인형을 버렸다고 한다. 생일에 받은 선물이었는데, 곰인형만 달랑 주고 가버리다니 너무나 성의 없다는 기분이 들어서, 인형을 볼 때마다 남자친구에게 화가 났다. 하지만 선물이라서 어쩌지 못하고 있었는데, 강의를 들은 후 시원하게 버릴 수 있게 된 것이다. 매일 아침 일어날 때마다 곰 인형을 쳐다보며 남자친구에게 화를 내고 하루를 시작하는 습관이 사라지게 되었다. 마음에 들지 않는 선물 때문에 불필요한 감정 싸움을 했던 것이다.

겉을 정리하면 안은 스스로 제자리를 찾아간다. 이와 더불어 버림의 미학을 통해 새롭고 멋진 기회가 찾아오게 됨은 물론이다.

정리의 2단계
; 나눔

장님과 앉은뱅이가 만나 장님은 발이 되고, 앉은뱅이는 눈이 되어 서로 즐겁게 세상을 구경하며 행복하게 살아갔다는 옛 이야기가 있다. 자신의 모자란 부분을 사람들끼리 채워갈 수 있음을 일깨워주는 이야기다. 이 세상에 완벽한 사람은 없다. 우리나라의 미풍양속 중 '품앗이'는 너나 할 것 없이 어려웠던 시대에 사람들이 가지고 있는 물건이나 시간을 나누는 좋은 풍습이었다.

하지만 오늘날에는 물질이 풍요롭고, 이사를 자주 다녀 이웃과 친밀한 관계를 유지하기도 어렵기 때문에 조금이라도 필요한 물건들은 다 소유하고 있어야 하는 세상이 되었다. 오븐처럼 1년에 몇 번 사용하지 않으면서도 비싼 돈을 주고 사기 물건이 있다. 공구 세트, 텐트, 물놀이나 스키 용품 등도 마찬가지로 1년에 몇 번 사용하지 않지만 꼭 내 것을 사지 않으면 안 될 것 같다.

　나누는 일은 마음가짐이 특별하거나 여유가 많은 사람이 하는 것이라고 막연하게 생각하지만, 사실 일상적으로 아주 쉽게 실천할 수 있다. 필요 없는 물건이 있다면 주변에 필요한 사람에게 주면 그만이다. 안 보는 책, 너무 많은 펜, 작아진 아이 옷 등은 다른 사람에게 꼭 필요한 물건일 수 있다. 직장에서 서랍에 오랫동안 보관되어 있는 물건을 꺼내 필요한 사람이 가져갈 수 있도록 나눔 공간을 만들어보아도 좋다.

　〈월스트리트저널〉의 카나 R. 숀버거Chana R. Schoenberger 기자의 사무실에는 가진 걸 서로 나누는 비공식 규칙이 있다고 한다. 사무실 동료 중 한 명이 책상 맨 밑 서랍에 사탕을 가득 넣어두고 자기가 자리에 없을 때도 자유롭게 꺼내 먹으라고 동료들에게 말했다. 그의 자리는 곧 사람들이 잠시 멈춰 서서 간단한 대화를 나누는 곳이 되었다. 나눔은 이처럼 인간관계를 끌어당기기도 한다.

　주변 사람뿐만 아니라 어려운 이웃을 위해 물건을 기부할 수도 있다. 한번은 정리컨설턴트로 활동하는 분이 잠비아에 보낼 영어 책과 문구류를 수거하는 이벤트를 진행했다. 사용하지 않거나 선물받은 새 문구, 다 읽어도 그냥 책꽂이에 보관하게 되는 영어책 등은 잠비아 아이들에게 아주 귀한 물건이다. 그곳에서는 볼펜 한 자루도 너무나 소중하다.

물건을 기증하면 어려운 이웃에게 도움이 되는 것은 물론 환경도 보호하게 된다. 대표적인 기증처인 아름다운가게 보고서를 보면, 기증은 592억의 사회적 비용 절감, 1만 톤의 쓰레기 감량, 24만 톤의 CO_2 배출을 억제해서 8,400만 그루의 소나무를 심는 것이나 다름없는 효과가 있다고 한다. 미래형 장애인 재활시설 '굿윌스토어'는 '장애인에게 자선이 아닌 기회를'이라는 슬로건을 내걸고 안 쓰던 물건을 기부 받아 수리하고, 세탁한 후 판매해 수익을 올리고 있다. 수익금 전액은 장애인 직원들의 월급과 직업 재활에 쓰인다. 기부한 물건에 대해서는 소득 공제도 받을 수 있다. '옷캔'에서는 옷을 후원받아 제3세계 국가에 보낸다.

아름다운가게는 나눔을 실천해보면 "과도한 소비로 인한 환경 파괴, 절대 빈곤 등 사회 문제가 나로 인한 것이었음을, 내 삶과 남의 삶이 따로 떨어져 있지 않다는 것"을 알게 된다고 강조한다. 실제로 미국의 전자 폐기물이 1년에 68만 톤이며, 전자 쓰레기 수출 국가 중 아시아권 2위가 바로 한국이다. 우리는 문명의 발달과 함께 물질의 풍요로움 속에 살아가면서, 그 풍요로움을 쓰레기로 만들고 있다.

나에게는 필요 없는 물건이 누군가에게는 필요한 물건일 수 있다. 물건을 나눈다는 것은 그동안 주변 이웃과 동료들에게 관심을 갖게 함으로써 마음의 여유를 되찾게 한다. 이런 나눔은 물건 사용의 순환을 가져온다. 순환을 통해 물건과 세상과 생명을 연장한다. 테레사 수녀의 말처럼 '위대한 행동'이란 따로 있는 것이 아니다. 작은 마음, 약간의 귀찮음을 감수하는 것에서 사랑이 시작된다. 잡동사니가 내손을 떠나 귀한 보물이 될 수 있는 장소를 찾아보자. 그 과정에서 발견하는 보람, 새로운 관계, 따뜻한 마음은 다시 자신에게 보물로 돌아올 것이다.

정리의 3단계
; 채움

처음 만나는 사람의 소지품만 보아도 우리는 그가 어떤 사람이고, 앞으로 어떻게 살고 싶어 하는지 파악할 수 있다. 《스눕》을 보면, 사람들은 '나 이런 사람이야.'라는 것을 물건으로 보여준다고 한다. 어떤 사람이 살고 있는 장소나 소지품만으로도 그 사람의 내면 특성이 파악된다는 것이다. 예를 들어 같은 사무실이라도 손님을 위한 자리가 충분히 마련되어 있다면, 그 사무실의 주인은 사교적인 사람이라고 볼 수 있다. 가족사진을 다른 사람에게 잘 보이는 자리에 놓은 사람은 가족적이라는 이미지를 주고 싶어 하고, 자신만 볼 수 있는 쪽에 배치한 사람은 실제로 매우 가정적인 사람일 가능성이 높다고 한다.

여러분이 가지고 있는 물건과 공간에 주목해보자. 우리는 자주 쓰는 물건과 자주 머무는 공간에 흔적을 남긴다. 특히 가장 많이 사용하는 공간인 책상, 침실 등을 떠올려보자. 이곳에 있는 물건들은 자신의 현재를 나타내면서 동시에 미래를 만들어가게 하는 것들이다. 그렇기 때문에 이곳에 무엇을 채우느냐가 중요하다. 나 자신을 위한 물건만 있어야 하는데, 평소에 확실히 의식하지 않으면 나도 모르는 사이에 불필요한 물건들을 점점 채우게 된다. 콩심은 곳에 콩이 자라듯이, 잡동사니를 넣으면 방이 아니라 창고가 되기 쉽다.

비움과 나눔으로 공간에 여유를 만들었다면, 그곳을 진정 원하는 것으로 채워 넣어야 한다. 옷장이 가득한데도 입을 옷이 없는 이유는 입으면 행복해지는 옷이 아닌, 사고 싶은 옷을 샀기 때문이다. 예를 들면 70퍼센트 세일 하는 옷, 한때 유행하는 옷, 한 개 밖에 안 남았다고 하는 옷, 갑자기 결혼식에 가기 위해 고른 옷, 애인이 마음에 들어 하는 옷을 샀기 때문에 시간이 좀 지나면 입고 싶지 않은 것이다. 남이 좋다고 하는 것이 아니라, 자신이 좋은 것, 행복해지는 것으로 자기만의 공간을 채워야 한다.

상상해보자. 책상 위에 정말 마음에 드는 노트북과 세련된 노트와 문구만 놓여 있는 것을. 옷장을 열었을 때, 옷은 좀 적더라도 마치 편집숍처럼 근사한 옷만 걸려 있는 모습을. 그 사람을 떠올리는 것만으로도 에너지를 주는 인맥들로만 가득한 휴대폰 연락처를. 잠자리에 들기 전에 '오늘도 정말 최선을 다한 시간이었어' 하며 벅찬 감정을 갖게 되는 순간을.

"성공이 무엇이라고 생각하세요?" 수강생들에게 물어보면, 표현하는 방식은 달라도 대체로 하나의 대답에 이른다. 바로 '자신이 하고 싶은 것을 하는 것'이다. 많은 사람이 정작 하고 싶은 것이 무엇인지 잘 깨닫지 못하고 산다. 자신이 입고 싶은 옷이 무엇인지, 어떤 사람을 만나고 싶어 하는지, 어떤 업무를 더 선호하는지 곰곰이 생각해볼 여유를 갖지 못한 채, 그저 회사에서 시키는 일, 같은 반이었던 친구, 점원이 권유하는 옷, TV 광고에 나오는 물건들로 자신의 삶을 채운다.

단 하나뿐인 소중한 삶을 남의 것으로 만들지 말자. 삶을 정리하여 비우고, 나눈 자리에 진짜 소중한 것들을 새로 채워가자. 진정으로 원하는 것을 채워 넣으면, 하고 싶은 것을 할 수 있는 기회가 찾아올 수밖에 없다.

나는 왜
이 물건을 가지고 있을까?

정리를 시작할 때 꼭 염두에 두어야 할 두 가지가 있다. 바로 '목적'과 '가치'다. 정리가 안 된 공간의 원인을 살펴보면, 공간의 주인에게 이 두 가지 마인드가 없었다. 목적과 가치를 잊어버리면 '사고 싶다.' '채우고 싶다.'는 본능으로 공간이 복잡해질 수밖에 없다. 정리력을 높이기 위해 필요한 두 가지 마인드, 목적과 가치란 무엇인지 살펴보자.

노원구의 한 아이 방을 컨설팅하기 위해 들어갔다. 초등학생 방이라고는 믿을 수 없을 정도로 책장에 책이 가득했다. 책장뿐만 아니라 책상과 여유 공간에 책이 잔뜩 쌓여 있었다. 하지만 자세히 들여다보니 초등학생이 읽기에는 너무 어려운 책들이었다. 토익

책이나, 대학교 전공 서적이 대부분이었다. 아이에게 누구의 책이 냐고 물어보니, 취직해서 다른 곳에서 살고 있는 누나의 책이라고 했다. 원래는 누나가 사용하던 방이었는데, 자연스레 방을 물려받으면서 상황이 그렇게 된 것이다.

아이의 공부방은 아이를 위한 공간인데, 목적을 잃은 채 마치 누나의 창고처럼 사용되고 있었다. 컨설팅하면서 만나본 많은 초등학생들처럼 이 아이도 방에서 공부하는 것보다 식탁이나 거실에서 공부하는 것을 더 좋아했다. 의외로 너무나 많은 가정에서 아이 방을 마치 창고처럼 사용한다. 아이 방에 필요 없는 식기장이나 엄마 옷을 넣어 놓는 집도 많다. 물건은 사람을 위해 있는 것인데, 마치 물건을 위해 사람이 있는 것처럼 방의 목적을 잃어버린 것이다.

아이 방은 아이 물건이 아닌 것을 모두 꺼내는 방식으로 컨설팅을 진행했다. 중요한 책은 누나에게 보내기로 하고, 나머지는 대부분 버렸다. 버리기 시작하니 아이가 와서 자신의 물건도 함께 버리고 싶다고 했다. 아이는 이제는 안 쓰는 장난감과 열심히 모았던 딱지를 기증 박스에 넣었고, 학년이 지난 교과서나 유인물을 스스로 버렸다. 책은 컨설턴트가, 책상은 아이 스스로 정리하니 2시간 반 만에 정리가 끝났다.

아이 책만 남고 나니, 드디어 공부방이라는 본래 목적에 맞는 방이 탄생했다. 스스로 정리한 책상도 공부에 집중할 수 있는 환경에 적합하게 변했다. 특별히 배치를 바꾸거나 수납을 멋지게 할 필요도 없이, 공부라는 목적에 맞지 않는 물건만 없앴는데도 멋진 공부방이 탄생한 것이다.

화장대는 화장하기 위해 마련한 것인데, 어떤 집은 화장품이 어디 있는지 제대로 찾을 수 없을 정도다. 복잡한 화장품 창고나 화장품 쓰레기통으로 화장대를 방치하는 것이다. 인간은 본능적으로 모든 공간을 채우고 싶어 한다. 목적이 무엇이었는지를 잊어버리면, '화장품을 사서 채우고 싶다.'는 욕망에만 따르게 된다.

물건을 목적에 맞게 활용하고 있는지를 점검하기 위해서 자신에게 질문해보자. '나는 이 물건을 왜 가지고 있을까? 이 물건은 어떤 용도인가?' 목적에 맞지 않는, 혹은 어떤 목적이 있는지 알 수 없는 일과 물건을 제거하면 자기 삶의 목적을 제대로 실행할 기회가 생길 것이다.

무엇을
선택할 것인가?

정리력 세미나에서 진행하는 미션이 하나 있다. "자, 지금부터 가방 속 소지품을 꺼내서 옆 사람들에게 가상으로 팔아보세요. 팔기 위해 모든 설득 수단을 사용해보세요."

강의 도중에 잠시 여유가 생긴 수강생들은 신나게 떠들며 물건을 팔기 시작하는데, 곧 생각보다 물건 파는 일이 쉽지 않다는 것을 깨닫는다. 실제로 돈을 주고받는 거래가 아님에도 사는 사람은 물건을 평가하는 데 매우 인색하게 나오기 때문이다. 80만 원을 주고 산 스마트폰을 옆 사람에게 반값에 판다는 데도 곧 새로운 기종이 나올 거라며 관심 없어 한다. 산 지 6개월밖에 안 된 스마트폰은 거우 20만 원에 낙찰되고, 명품 지갑은 5만 원에 팔리기도 한다. 수강생들은 처음엔 신나는 기분이었다가 물건을 팔다 보면 조금 허탈한 기분이 든다고 말한다. "내가 80만 원에 샀는데 왜 20만 원밖에 못 받고 팔지?"

하지만 가끔은 샀을 때 가격보다 오히려 비싼 값에 파는 수강생도 있다. 어떤 분은 구입할 때 약 10만 원을 주고 산 필름 카메라를 옆 사람에게 30만 원에 팔았다. 왜 그 가격에 팔았냐고 물어보니, 그 카메라는 수강생의 아버지가 젊은 시절에 사서 소중히 사용하다가 물려주신 카메라라고 했다. 특별한 의미가 있기 때문에 어딜 가든 늘 손에서 떼지 않고 들고 다닌다고 했다. 카메라를 살펴보니 정말로 오랜 세월이 지났음에도, 소중히 다뤄졌기 때문인지 낡았다기보다는 오히려 품위가 더해진 느낌이 들었다. 수강생은 실제로는 30만 원보다 더 많은 돈을 준다고 해도 팔지 않을 소중한 카메라라는 말도 덧붙였다.

우리가 소유하고 있는 물건에는 분명히 가치가 존재한다. 어떤 물건은 매우 큰 가치가 있지만 어떤 물건은 잡동사니나 쓰레기에 가깝다. 일과 물건을 판단할 때는 목적을 파악하는 것도 중요하지만, 그와 함께 가치를 판단할 수 있어야 한다. 가치를 판단할 때는 객관적인 시각이나 기준으로 판단하는 것이 중요하다. 보통 물건을 잘 못 버리는 사람은 물건에 감정을 개입하기 때문이다. '이 물건은 비싸게 샀으니까', '이 물건은 친구가 선물해준 거니까' 등 감정적인 이유로만 바라보고, 그 물건이 방해된다는 사실을 파악하지 못한다. 이 물건이 정말 자신에게 필요한 물건이고, 도움이 되는 물건인지를 파악하기 위해 두 가지 판단 기준을 세워 적용해 살펴봐야 한다.

첫 번째 판단 기준은 '돈'이다. 회사에서는 비품을 돈이라는 기준으로 관리한다. 컴퓨터 한 대, 의자 하나도 모두 회사의 가치를 반영하는 자산 중 일부이기 때문이다. 이때 시간이 지나면 물건의 가치가 하락하는 '감가상각'이라는 개념을 반영한다. 같은 물건이라도 한 해가 지나면 그 물건을 돈으로 환산했을 때의 가치를 줄이는 것이다.

개인의 물건도 이런 시스템으로 관리해보면 깨닫게 하는 바가 있다. 처음 물건을 구매했을 때 지불했던 돈만큼의 가치는 시간이 지남에 따라서 줄어들 수밖에 없다. 백만 원이 넘는 컴퓨터나 수십만 원이 넘는 휴대폰일지라도 시간이 흐르면 구입 가격에 비해 금액의 가치가 내려간다. 중고 거래로 물건을 판매해보면 원하는 가격에 판매가 잘되지 않는다. 중고품 판매 경험자들은 빨리 팔수록 더 높은 가격에 판매가 되고, 시간이 오래 지나면 팔고 싶어도 팔리지 않아 돈 주고 폐기물을 처리하듯 처분해야 한다고 한다.

하지만 모든 물건이 원가나 시간에 따라 가치가 줄어드는 것은 아니다. 내가 소중하게 생각하거나 특별한 추억이 있거나 현재도 즐겨 사용하는 물건이라면, 만 원짜리 물건이라도 그 물건에 쏟은 애정만큼 값어치가 높아진다. 어머니에게 물려받은 오래된 가방은 수십만 원을 주고도 팔 수 없는 것처럼 말이다. 모든 물건에 '얼마에 팔 수 있을까?'라는 기준을 적용해보면 자신에게 이 물건이 얼마나 가치 있는지를 파악할 수 있다.

두 번째 판단 기준은 '시간'이다. 우리가 소유하고 있는 모든 물건의 가치는 과거, 현재, 미래로 분류해 그 가치를 가늠할 수 있다. 몇 년 전 직장에서 근무할 때의 일이다. 처음 만난 거래처 사람과 미팅해 의례적으로 명함을 주고받으며 얘길 나누는데, 대화 중 명함 지갑에서 새로운 명함을 꺼내 보여주는 게 아닌가? 그분이 꺼낸 명함은 전 직장의 명함이었고, 유명 대기업의 회사명이 적혀 있었다. 한때 이름 있는 기업에서 근무했다는 것에 대한 자부심을 드러내기 위해서 과거의 명함을 지갑에 늘 넣고 다니면서 자랑처럼 보여주지만, 왠지 현재의 직장에 대한 만족도가 그리 높지 않은 듯했다.

이처럼 과거의 가치를 반영하는 물건은 단지 자신의 기분에만 영향을 줄 뿐 현재의 일과 행동에는 아무런 도움이 되지 않는다.

그러한 물건들을 과거의 영광을 상징하는 '트로피'라고 한다. 수년 전 졸업한 대학의 전공 서적, 나중에 살 빼면 입으려고 보관 중인 원피스, 취미로 배우다 중단한 채 방치된 통기타 등… 현재는 수북이 먼지만 쌓여 있을 뿐인데 자꾸 과거에 집착하게 하는 물건을 의미한다.

현재의 가치를 반영하는 물건은 사용할수록 현재의 가치를 높일 수 있는 물건이다. 인생 관리 전문가이자 《단순하게 살아라》의 저자인 로타르 J. 자이베르트Lothar J. Seiwert에 따르면, 한 사람당 평균 1만 개 정도의 물건을 소유하고 있다고 한다. 그중 평균 70~80퍼센트의 물건은 사용하지 않는 물건이다. 실제로 가지고 있는 물건 중 20퍼센트만 사용하는 것이다. 우리가 좀 더 윤택한 삶을 살기 위해서는 현재 소유하고 있는 물건만 제대로 사용해도 충분하다.

미래의 가치를 반영하는 물건에는 책이나 다이어리가 해당된다. 사용할수록 현재보다 미래에 영향을 주기 때문이다. 중요한 것은 지금부터의 선택이다. 지금의 선택이 미래를 바꿀 수 있다.

3부

실천!
정리력

&Check List

	Y	N
소비습관		
쇼핑을 즐겨한다.		
쇼핑할 때 무엇을 살지 생각하지 않는다.		
충동구매를 많이 한다.		
세일 기간엔 꼭 쇼핑한다.		
물건을 구입할 때 무조건 많이 사둔다.		
수납		
물건이 어디 있는지 몰라 자주 찾는다.		
외출하고 돌아오면 주변에 물건을 늘어놓는다.		
주변에서 정리를 못 한다는 말을 많이 듣는다.		
집 안 곳곳에 물건이 쌓여 있다.		
사용한 물건을 제자리에 두지 않는다.		
청소		
청소를 가끔 한다.		
청소 도구가 거의 없다.		
집에 손님을 잘 초대하지 않는다.		

늘 바빠서 청소할 시간이 없다.		
굳이 청소할 필요를 못 느낀다.		
잡동사니 버리기		
아까워서 잘 버리지 못한다. 물건을 버리지 않는 이유는		
지금 안 써도 언젠가는 쓸 것 같아서다.		
음식, 약, 화장품의 유통기한을 잘 확인하지 않는다.		
누구한테 주거나 팔고 싶은 물건은 많은데, 실천하지 않는다.		
버리기 전에 어떻게든 쓸 데가 없나 한참 생각한다.		

13개 이상 : 부엌, 사무실, 책상 서랍 등, 쌓여 있는 물건들만큼이나 스트레
스도 쌓이시죠? 다른 사람이 볼까봐 민망하기는 한데, 어차피
정리해봐야 또 어질러질 테니 힘들게 정리할 필요를 못 느낄지
도 모릅니다. 지저분한 공간 때문에 가장 스트레스를 받는 사
람은 자신보다 주변에 있는 가족과 동료입니다. 먼저 청소부터
시작해보세요.

6~12개 : '시간 여유만 있으면 모조리 다 정리할 텐데'라는 마음부터 바꾸
시고, 하루에 15분 정도는 정리하는 시간을 가져보세요. 매주 한
곳씩 대상을 정해서 정리해보는 게 좋습니다.

5개 이하 : 정리컨설턴트에 도전해보세요. 어쩌면 이 분야에서 크게 성공하
실지 몰라요.

〈5장〉
공간정리

　구석구석 많은 물건을 집어넣는 것이 정리는 아니다. 정리가 잘 된 공간의 핵심은 '흐름'이 있다는 것이다. 공간정리를 하기 위해 꼭 필요한 4단계 흐름, '소비-수납-청소-버리기'를 하나씩 살펴보면서 공간정리하는 법에 대해서 구체적으로 알아보자.

　어느 날 정리 잘하기로 소문난 아내를 둔 친구가 집에 초대했다. 친구의 아내는 똑소리 나게 살림을 잘하는 덕분에 동네 주부들이 자주 놀러 와서 그 비법을 배우고 갈 정도라고 했다. 친구는 나에게 "우리 집에 와서 와이프 정리 솜씨 좀 배우고 가라."라고 농담했다. 약간의 호기심을 안고 친구의 집을 찾았는데, 예상대로 집은 먼지 하나 없이 깨끗했고 음식도 맛있었다. 친구의 아내에게 지금이라도 정리컨설턴트를 하셔도 되겠다고 말을 꺼내려던 차에, 다용도실에서 갑자기 아이의 큰 울음소리가 들려왔다. 친구와 나는 깜짝 놀라 달려갔는데, 아이는 다행히 넘어졌을 뿐 크게 다치진 않았다. 하지만 다용도실에서 나는 보고야 말았다. 대형 양문냉장고로는 모자라, 두 대의 김치냉장고와 한 대의 냉동고가 다용도실에 놓인 광경을. 그리고 그 위로 천장까지 빽빽이 쌓아 올린 수입 식품들….

눈에 띄는 유통기한 표시를 보니, 식품 중 상당수는 얼마 안 가 기한이 지날 예정인데, 많은 박스들이 뜯기지도 않은 채 방치되어 있었다. 친구는 아이를 안고 일어서면서, "우리 와이프 정리 진짜 잘하지? 꼭 슈퍼마켓 같다니깐."하며 웃었고, 나도 어색하게 따라 웃으며 고개를 끄덕일 수밖에 없었다. 세 식구가 사는 가정의 주방임에도, 마치 외계인의 침공에 대비하기 위한 긴급 대피소 같았다.

정리를 못 하는 사람의 공간은 이런 식으로 '순환'만 될 뿐이다. 구입하고, 수납한 뒤, 다시는 물건을 사지 못할 것처럼, 아무것도 버리지 않은 채로 또 구입하는 것이다. 그런 공간은 마치 고인 물처럼 물건이 들어오기만 하고 나가지 않는다. 고인 물이 썩듯이 고인 장소도 썩기 쉽다.

정리를 잘하는 사람의 공간은 고인 물이 아닌 흐르는 물과 같다. '순환'이 아닌 '흐름'을 만드는 것, 이것이 공간정리의 핵심이다. 흐름이란, 제대로 된 물건이 들어와서input 제때 나가게 output 하는 것이다. 무언가 새로운 것이 하나 들어오면 다른 하나가 반드시 나가야 한다. 꼭 필요해 들어온 물건은 다음에 사용하기 편하게 제자리에 수납하고, 사용한 물건도 다음에 또 깨끗하게 사용하기 위해 청소한다. 사용한 물건이 오래되거나 헤져서 사용할 수 없으면 버린다. 공간정리의 흐름을 4단계로 나누어 더 자세히 알아보자.

공간정리의 흐름 1단계
; 합리적인 소비

주부들 사이에서 비밀리에 남편을 일찍 귀가시키는 비법이
전해지고 있다. 바로 다음과 같은 문자를 보내는 것이다.

보내는 번호 역시 카드회사 전화번호로 바꿔야 함은 물론이다. 이 문자를 보내고 나면 곧 남편이 현관문을 쾅 열고 "또 뭘 샀어?!" 하면서 들어온다고 한다. 우스개지만, 다시 생각해보면 그만큼 과소비하는 문화가 보편적이라는 말이기도 하다.

무의식이 나를 지르게 한다

신용카드의 노예가 되면서까지 과소비하는 이유는 무엇일까? 몇 년 전 드디어 발견한 해답이 있다고 한다. 이른바 '그분이 오셨다'고 부르는 '지름신'이다. 우리는 지름신이 실제로 존재하지는 않는다는 사실을 알고 있다. 그럼 도대체 누가 이 지갑을 열고 있단 말인가? 정답은 자신의 무의식이다.

〈U.S. 뉴스&월드 리포트〉에 따르면, 우리가 일상생활에서 하는 행동과 의사결정의 95퍼센트를 무의식이 결정한다고 한다. 다시 말해 우리가 소비하는 물건의 평균 95퍼센트를 무의식적으로 구매한다는 뜻이다.

마트에서 시식 코너를 오픈하면 구매율이 80퍼센트 높아진다. 미리 계획하고 쇼핑하는 사람이 별로 없는 것이다. 마치 쇼핑카트를 끌고 드라이브하는 것처럼 무의식적 욕망에 사로잡혀 대부분 이런 식으로 쇼핑한다. 사람들은 마트나 쇼핑몰에 가기만 하면 의식이 아닌 무의식의 지배를 받도록 자신을 내맡기고 만다. 쇼핑 중독자의 특징에 다음과 같은 것이 있다. 얼마나 공감하는가?

❖ 가게에 들어가면 딱히 필요한 게 없어도 '혹시 괜찮은 것이 있을지도 모르니까' 일단 한 바퀴 돌아본다.

❖ 이왕이면 한꺼번에 세트로 구매하는 것을 좋아한다.

❖ 세일 광고를 보면 일단 가본다.

❖ '마지막 하나' '한정품' 같은 단어에 약하다.

❖ 가격이 싸면 하나쯤은 더 사도 괜찮을 것 같다.

❖ 시리즈를 종류대로 모으는 게 취미다.

❖ 고민되면 두 개 다 산다.

❖ 신제품에 약하다.

대부분 공감은 하면서도 자신은 '쇼핑 중독'의 정도까지는 아니라고 생각할 것이다. 그러나 이렇게 '한 번쯤이야.' 하면서 사는 물건들이 하루하루 공간에 쌓이다보면, 결국에 큰 문제를 일으킨다.

사은품의 유혹을 떨쳐라

공간에 불필요하게 들어오는 물건 중에는 공짜 물건도 있다. 무의식적으로 물건을 받는 것이 문제의 원인이다. 학창 시절 학교 앞에서 나누어주는 공짜 휴지를 사물함이 가득 찰 때까지 모으던 친구가 있었다. 휴지를 쓸 일이 많은 것도 아니고, 휴지가 수집품으로서의 가치가 있는 것도 아닌데 별생각 없이 받다 보니 그리된 것이다. 이외에도 각종 사탕, 볼펜, 포스트잇 등 요즘엔 공짜로 생기는 물건이 너무나 많다. 여성이라면 특히 공감할 만한 물건은 정리 컨설팅 때마다 한가득 버리는 화장품 샘플이다. 샘플의 경우 유통기한이 6개월 정도로 매우 짧다. 자신의 피부 타입에 맞지 않으면 잘 안 쓰면서도, 길을 걷다가 샘플을 공짜로 준다는 소리가 들리면 자연스레 매장 안으로 발이 움직이는 여성들이 많다.

한번은 컨설팅하러 방문한 집 베란다에 앵무새가 있어 놀란 적이 있다. "새를 좋아하시나 봐요?" 하고 여쭤봤더니, 누군가 뭘 준다고 하면 무조건 집으로 가져오는 성격의 남편 때문이라고 했다. 아주 비싼 앵무새라고 해서 받아왔는데, 산다는 사람도 없고, 아는 사람 중에 줄 사람도 없다고 하면서, 혹시 새 좋아하면 제발 가져가 달라고 오히려 정리컨설턴트에게 부탁하는 게 아닌가. 컨설팅 도

중 남편 책상 서랍을 열어보니, 아니나 다를까 각종 공짜 물건이 쏟아졌다.

대기업 마케팅팀에서 근무하면서 회사에서 만드는 사은품이나 거래처에서 주는 사은품 중 남는 것을 모두 집으로 가져오는 듯했다. 병따개, 볼펜부터 시작해서 갖은 회사 이름이 적힌 배지, 티셔츠, 모자뿐만 아니라 포장도 뜯지 않은 전자기기 경품마저 여러 대 있었다. 이 사은품들을 버리려고 담아 보니 여섯 자루도 넘었다.

공간을 쓸모없는 물건으로 채우지 않기 위해서는 무의식을 의식으로 바꾸어야 한다. 만약 한 달에 딱 세 가지 물건만 집 안으로 가지고 들어올 수 있다면 어떤 물건을 선택하겠는가? 나에게 가장 소중한 것, 없어서는 안 되는 것만 고르지 않겠는가?

글로 기록하라

무의식을 의식으로 바꾸는 가장 쉬운 방법은 문자로 '기록'해보는 것이다. 우선 살 물건과 목적을 적어보자. 꼭 구입해야 하는 물건의 목록을 적으면서 그 물건이 왜 필요한지, 어디에 쓸 것인지 적어본다. 최대한 구체적으로 작성한다. 예를 들어, 단순히 '손목시계'라고 쓰는 게 아니라 '거래처와 미팅이나 회의가 있을 때 사용하기 위한 정장용 시계'라고 구체적으로 써보자. 쓰고 보니 사실 거래처와 미팅할 일은 한 달에 한 번밖에 없고, 그 정도라면 구입하지 않아도 되겠다고 판단할 것이다.

또한 쇼핑할 장소와 시간에 대해 적어보자. 직접 매장에 가서 구입할 예정이라면 어떤 브랜드 매장에 갈지 미리 정하는 것이 좋다. 예를 들어, 백화점에 가서 C브랜드와 K브랜드 매장에 마음에 드는 것이 없다면 'A브랜드 매장까지만 가봐야지.' 하고 정하는 것이다. 시간도 함께 정하는 것이 좋다. 매장에 머무는 시간이 길수록 충동구매할 확률이 높아지기 때문이다. 쇼핑몰에는 시계가 없기로 유명하다. 다시 말하면 시계를 보면 물건을 덜 살 수 있다는 말이다. 손목시계를 차거나, 휴대폰 알람을 미리 맞춰 놓고 쇼핑하자. 인터넷 쇼핑의 경우에도 역시 둘러볼 사이트와 시간을 정하는 것이 좋다.

쇼핑 환경을 통제하라

원하는 것을 분명히 하라! 그것이 물욕을 컨트롤한다.

- 혼다 사오리(정리컨설턴트)

쇼핑할 때 현금을 들고 가는 것은 필수다. 한 직장인이 인터넷 서점에서 50퍼센트 할인 행사를 발견하고, 그동안 사고 싶었던 책을 모두 장바구니에 담고 있었다. 방에 들른 아버지가 뭐 하는 중이냐고 물으시니, "아빠, 이거 전부 50퍼센트 할인이래요!"라고 흥분한 목소리로 외쳤다. 그때 아버지가 딱 한 말씀 하셨다고 한다. "안 사면 100퍼센트다."

아무리 할인 혜택이 많아도 신용카드를 없애면 소비가 확실히 준다. 손에서 빠져나가는 파릇파릇한 지폐의 감촉이야말로 순간 정신을 번쩍 깨워주는 소중한 도구다.

지름신의 목소리 중 "다음에 사야지 생각하는 순간 품절이야."라는 것이 있다고 한다. 지름신은 다음에 사는 것을 싫어한다. 쇼핑리스트에는 없지만 왠지 사고 싶고, 안 사면 큰일 날 것 같은 물건이 있다면 '다음에' 사자. '다음에'는 충동구매를 50퍼센트 이상 줄여주는 마법의 단어다. 또 '배고플 땐 쇼핑하지 말라.'라는 현명한 말이 있다. 배가 고프거나, 다리가 아프거나, 함께 간 아이가 계속 울거나, 매장이 금방 문을 닫으려고 하는 등 마음에 여유가 없으면 아무거나 얼른 구매하고 싶어진다. 그리고 마음에 안 드는 물건을 사면 다음에 또 새로 사게 된다. 쇼핑하러 갈 때는 자신을 최대한 여유 있는 상태로 만들자.

쇼호스트가 시청자의 구매 욕구를 자극하기 위해 가장 많이 사용하는 단어 중 하나가 '마지막'이다. 최상의 조건으로 이후로는 상품을 판매하지 않는다고 하면 왠지 모를 불안감이 들고, 제한된 시간이 지나면 다시는 구입할 기회가 생기지 않을 것 같다는 심리가 작용하기 때문이다. 많은 연구자료에 따르면, 공간정리가 안 되는 고객들의 공통점은 쇼핑중독이다. 쇼핑중독은 단지 물건을 많이 사는 것보다 사고 싶은데 사지 못했을 때 심리적인 불안감 때문에 극심한 분노를 느낀다는 것에 심각성이 있다.

통제하지 못하는 쇼핑으로 정리컨설팅을 의뢰했던 한 고객은 정리하는 동안에도 계속 택배가 도착했다. 모든 정리를 마친 후에 현관부터 미처 뜯지도 않은 택배상자가 그렇게 많은 이유를 들었다. 고객은 퇴직하고 자녀들은 모두 출가해 홀로 집에 있는 시간이 많아 외로움을 이기지 못하고 홈쇼핑을 보는 시간이 늘었다고 한다. 처음엔 필요하다고 생각하는 물건을 하나씩 사기 시작했는데 매일 자신에게 연락하고 찾아오는 사람이 택배기사뿐이었고, 사람에 대한 그리움 때문에 필요하지도 않은 물건을 구입하게 된 것이다. 그 고객에게 가장 필요한 일은 외부에 나가 운동하거나 취미활동을 배우는 환경을 마련하는 것이었다.

& Action Plan

집착하는 물건 찾기

우리 집에서 다른 물건에 비해 지나치게 많은 물건을 찾아보자. 나는 그 물
건에 대해 왜 집착할까? 잘 모르겠으면 어떤 말이라도 떠오르는 대로 써
보자. 의외로 그 말이 솔직한 답일 수 있다.

나만의 쇼핑 레시피

한 달 내로 구매할 예정인 물건의 목록을 적고, 나만의 쇼핑 레시피를
만들어보자.

물건	목적 및 구체적인 설명	구입할 곳 (브랜드, 쇼핑몰 등)	시간
노트	– 지하철에서 아이디어 메모용. – 가볍고 서서 사용하기 좋은 것으로. – 지난번에 샀던 메모지는 책처럼 제본되어있어 서서 쓰기 불편했다.	옥스퍼드노트, 몰스킨 중에서 선택	30분

공간정리의 흐름 2단계
; 수납

정리력 세미나에 참석했던 한 수강생이 강의를 듣고 하루 만에 책상을 정리한 사진을 정리력 카페에 올렸다. 이 분은 원래 정리하는 걸 별로 좋아하지 않았는데, 아이 셋을 명문대에 보낸 어머니가 쓴 책에서 "정리를 너무 시키면 아이들의 창의성이 감소한다." 라고 적혀 있는 것을 보고 일부러 더 정리하지 말아야겠다는 생각으로 살았단다. 하지만 정리력 강의를 듣고, 다시 정리를 실천해야겠다는 마음에 제일 지저분하고 불편한 사무실 책상부터 정리하기 시작한 것이다.

책상은 서류로 뒤덮여 있었다. 이동할 일이 많은 이 분의 업무 특성상 가장 중요한 자원은 노트북이었다. 그러나 사진에서도 볼 수 있다시피 노트북을 놓을 자리도 없을뿐더러 자꾸만 서류에 뒤 덮여 노트북을 찾기조차 쉽지 않았다.

"책상을 업무의 활주로로 만들라." 내가 강의에서 자주 하는 말 이다. 공항의 활주로는 비행기가 이륙과 착륙을 위해 준비된 공간이 다. 책상 또한 즉시 업무에 돌입할 준비가 되어 있어야 하고, 이전 업 무에 해당하는 물건을 치우고 다음 업무를 위한 물건이 놓여야 하기 때문이다. 두 번째 사진이 바로 업무에 가장 중요한 노트북을 활용 하기 쉽도록 책상을 정리한 모습이다. 책상 중앙을 비워놓으니, 외 근하고 돌아온 뒤에도 노트북을 바로 펼쳐 사용하기 쉬워졌다.

▲ Before   ▲ After

책상 정리 전과 후

적재적소라는 단어를 기억할 것

수납의 핵심은 말 그대로 '적재적소'라고 할 수 있다. 물건을 꼭 적합한 위치에 놓는 것이다. 수납을 잘 못 하는 분들 가운데 대부분은 자신에게 중요한 물건이 무엇인지 잘 모르거나 생각해본 적이 없다. 많은 직장인이 업무에서 가장 중요하게 사용하는 것을 컴퓨터라고 생각하면서도 책상의 제일 좋은 장소는 서류를 보관하는 곳으로 사용한다. 나에게 어떤 물건이 가장 중요한가? 이 물건은 어디에 놓아야 그 기능을 가장 잘 발휘하는가? 이런 질문을 매일 한다면 수납을 훌륭히 해낼 수 있을 것이다.

수납의 기본, 그룹핑

당신의 책상 위가 다음과 같은 물건들로 어지럽혀있다. 연필, 충전기, 보고서 프린트, 포스트잇, USB, 외장하드, 수첩, 더블클립, 수정펜 등 각각의 물건을 제자리에 넣어주고 싶은데, 어떻게 정리해야 할까? 수납을 어려워하는 사람들이라면 이렇게 생각할 가능

문구류	연필, 포스트잇, 더블클립, 수정펜
전자제품류	충전기, USB, 외장하드
서류	보고서 프린트, 수첩

성이 높다.

"연필은 연필꽂이에 넣으면 되고, 프린트는 어디다 놓지? 모르겠다. 그다음 포스트잇은 대충 책상 위에 놓자. USB는 서랍 첫 번째에 넣으면 되겠지? 외장하드는 어떡하지, 두 번째에 넣을까? 세 번째에? 그러고 보니 프린트도 아직 정리 못했는데……, 아, 뭐가 이렇게 많아!"

만약 정리하기 전에 물건을 먼저 분류했다면 어땠을까?

"문구는 첫 번째 서랍에, 전자류는 두 번째 서랍에, 서류는 책꽂이에 넣자." 이렇게 금방 정리할 수 있다. 이것이 바로 그룹핑이다.

〈공부의 왕도〉라는 프로그램에서 그림과 글자가 섞인 100개의 단어 카드 외우기 실험을 했다. 실험 대상은 두 그룹이었다. 첫 번째 그룹은 서울대, 스탠포드대 등 국내외 명문대학에 입학한 영재 학생들이었다. 두 번째 그룹은 보통 성적의 일반학생들이었다.

정해진 시간 동안 무작위 카드의 단어를 몇 개까지 외울 수 있나 결과를 측정해보니, 일반학생은 23.9개의 단어를 외웠지만, 영재 학생들은 46.3개로 2배 정도 더 외웠다. 이런 차이는 바로 암기 방법의 차이 때문이다. 일반 학생은 소방차, 고래, TV, 바지, 파인애플, 컵, 모자 등으로 카드를 보고 순서대로 외웠지만, 영재 학생들은 동물, 교통수단, 의류 등으로 분류를 먼저 한 후 그것들끼리 묶어서 외웠다. 영재 학생들의 학습 비결 중 하나가 바로 그룹핑이었던 것이다.

그룹핑은 학습뿐 아니라, 업무 등 일상생활 속의 다양한 활동에 적용시키면 그 효율이 높아진다. 물론 정리에서도 마찬가지다. 거창한 수납 기술을 알지 못하더라도, 그룹핑한 물건들끼리 바구니에 담아 놓기만 해도 이미 수납의 중수 정도는 된 것이다. 그룹핑을 할 때는 현재 하고 있는 일과 물건을 통해서 얻을 수 있는 성과, 들이는 시간이나 돈, 사용 빈도수 등을 기준으로 나눠보면 쉽다.

업무별	중요도별	사용 빈도별
개인	매우 중요	자주 사용
업무	중요	가끔 사용
	중요하지 않음	사용하지 않음

자신만의 스타일로 수납하자

정리컨설팅 때 자주 버리는 '의외의' 물건이 있다. 이 물건이 자신과 잘 맞으면 정리에 큰 도움이 되지만, 잘 맞지 않을 경우 정리에 오히려 큰 방해가 된다. 무엇일까? 그것은 바로 '수납도구'다.

신대방동에 사는 워킹맘의 집을 정리한 적이 있다. 이분은 늘 정리를 깔끔하게 하고 싶다는 소망이 있어, 유명한 주부 파워블로거의 포스팅을 보고 페트병이나 요구르트병을 활용한 수납법을 배워서 똑같이 만들었다. 그런데 이게 웬일인가. 파워블로거의 사진 속 집은 분명히 괜찮아 보였는데, 자신의 집은 고물상처럼 보이는 것이었다. 다른 사람이 추천하는 수납 도구를 그대로 따라 쓰면 분명히 나의 라이프 스타일과는 안 맞는 부분이 생긴다. 워킹맘과는 반대로, 홈쇼핑을 보면서 "어머, 이렇게나 많이 들어가요? 놀라운 수납력이네요!"라는 쇼호스트의 말을 듣고 산 비싼 수납도구들을 싱크대와 창고에 줄줄이 쌓아 놓는 사람도 적지 않다.

정리수납에 대한 관심이 높아지며 모던하우스, 이케아, 다이소 같은 매장에서 수납도구를 쉽게 구입할 수 있다. 수납도구를 제대로 사용하지 못해 오히려 혼돈의 원인을 제공하거나 사용 후 남아서 방치되는 경우가 발생한다.

수납에는 '정석'이란 것이 없다. 앞서 설명한 '적재적소'와 '그룹핑'이라는 기본 원칙을 이용하고, 이후에는 자신에게 맞는 도구를 직접 고르는 것이 좋다. 처음에는 지퍼백이나 고무줄, 집게처럼 구하기 쉽고 값싼 도구를 이용해보자. 마트나 생활용품점에서 파는 1,000~2,000원짜리 바구니는 정리컨설턴트들도 무척 선호하는 저렴하면서도 효과적인 도구다. 몇 가지 도구를 이용해 조금씩 수납하다보면 자신에게 맞는 수납법을 찾게 될 것이다.

& Action Plan

냉장고 수납지도 그려보기

냉장고에 어떤 물건이 있는지, 칸칸마다 어떤 물건이 들어가 있는지 그림으로 그려보자. 제대로 그릴 수 없는 물건이 있다면, 그 물건은 올바른 자리를 찾지 못했거나, 불필요한 물건이라는 뜻이다. 냉장고 수납지도를 그릴 수 있을 정도의 시스템을 만들어야 한다.

수납 계획 세워보기

❶ 무질서한 서랍 한 칸을 고르자. (책상 서랍 세 번째 칸, 주방용품, 서랍, 속옷 서랍, 화장품 서랍 등)

❷ 서랍 속 물건을 그룹핑해보자. (용도별, 크기별, 색상별 등)

❸ 어떤 종류의 물건이 제일 중요한가? 자주 사용하는가?

❹ 집에 있는 도구를 이용해 물건을 새로 수납해보자. (고무줄, 지퍼백, 화장품 박스, 바구니 등)

공간정리의 흐름 3단계
; 청소

'청소'라고 하면 어떤 이미지가 떠오르는지 잠시 생각해보자. 환경미화원이 하는 일, 벌 받을 때 했던 일, 하기 싫은 일, 성공한 사람은 하지 않는 일이라는 생각부터 들지 않은가? 종종 카페에서 무심코 엿듣게 되는 옆자리 회사원들의 대화 중 이런 불평이 있다.

"자꾸 사장님이 청소시켜서 짜증 나 죽겠어. 내가 일하러 왔지, 청소하러 왔어?"

이런 경우는 청소하는 것이 싫다기보다는 '청소는 하찮은 일'이라고 치부한다. 대부분의 기업이 청소를 도우미에게 맡기기 때문에 더 그런 느낌이 들 수밖에 없을 듯하다. 예전만 해도 학교에서 수업이 끝나면 다 함께 책상을 밀고 청소하며 마쳤는데, 요즘은 많은 학교에서 전문 업체에 청소를 맡긴다. 하지만 청소는 결코 하찮은 일이 아니다. 인도에서는 '청소부'와 '성자'라는 말의 어원이 같다고 하지 않는가?

깨진 유리창의 법칙

"더럽거나 어지러운 것을 쓸고 닦아서 깨끗하게 함."

국어사전에서 말하는 청소의 의미는 이와 같다. 청소 경영을 중요시하는 기업인 이랜드의 FS운동 매뉴얼에 따르면, 청소란 "단지 깨끗하게 하는 것이 아니라 자기들이 사용하고 있는 곳을 구석구석까지 스스로 손을 대 최고의 상태를 유지하고 지키는 것"이라고 한다. 즉, 청소란 물건과 공간을 처음 상태로 유지하는 기술이자 태도라고 할 수 있다. 공간을 청소해 최고의 상태로 유지한다면, 그 속에 사는 사람에게 긍정적인 영향을 줄 수밖에 없다.

'깨진 유리창의 법칙'으로 알려진, 아주 유명한 실험이 있다. 필립 짐바르도Philip Zimbardo 교수가 설계한 이 실험은 의외로 단순했다. 치안이 좋지 않은 동네를 골라 상태가 동일한 두 대의 자동차를 보닛을 열어놓은 채 1주일간 방치해두는 실험이었다. 다만 그중 한 대는 창문을 조금 깬 상태로 방치했다. 1주일 후, 두 자동차는 완전히 다른 모습으로 변해 있었다. 보닛만 열어둔 자동차는 거의 그대로 있었다. 하지만 유리창을 조금 깬 자동차는 방치된 지 겨우 10분 만에 배터리와 타이어가 사라지고, 1주일 후에는 완전히 고철 상태가 될 정도로 파손되었다.

1980년대 뉴욕시에서도 이 법칙을 적용했다. 당시 뉴욕은 연간 60만 건 이상의 중범죄 사건이 일어날 정도로 치안이 심각하게 불안정했다. 당시 여행객들 사이에서 '뉴욕의 지하철만큼은 절대 타지 마라.'라는 말이 있을 정도였다. 뉴욕 교통국에서는 이런 지하철의 치안 상태를 개선하고자 지하철 내 낙서를 지우고 경범죄를 철저히 단속했다. 범죄를 줄이기 위해 하는 일이 고작 낙서를 지우는 것이냐며 교통국 직원들은 반발했고, 시민들 대부분도 제발 낙서보다 흉악한 범죄자 검거에 더 신경 써달라고 아우성이었다. 그러나 국장은 흔들림 없이 낙서를 지우는 것에 초점을 두었다. 엄청난 수의 교통국 직원이 투입되어 무려 6,000대에 달하는 차량의 낙서를 지우는, 그야말로 터무니없는 작업이 수행되었다. 이 작업은 5년이나 걸렸는데, 의외로 놀라운 효과를 가져다주었다. 범죄율을 75퍼센트 낮춘 것이다.

서울시 영등포구에서도 이를 적용해 멋진 성과를 이루어냈다. 늘 쓰레기가 쌓여 골치가 아팠던 골목길을 바꾸기 위해 영등포구청에서는 그동안 경고문도 달고, CCTV도 설치했지만 별로 효과가 없었다고 한다. 그런데 길을 깨끗이 청소하고 꽃을 심자 쓰레기를 버리는 사람들이 현저히 줄었다.

넛지 이용하기

경제학 용어인 넛지Nudge는 '팔꿈치를 슬쩍 찌르다.', '주의를 환기시키다.'라는 뜻으로 행동경제학자 리처드 H. 세일러Richard H. Thaler와 캐스 R. 선스타인Cass R. Sunstein이 고안한 용어다. 넛지는 강압하지 않고 부드러운 개입으로 사람들이 더 좋은 선택을 할 수 있도록 유도하는 것을 말한다. 생활 속에서 사용되는 대표적인 넛지의 사례가 지하철의 에스컬레이터 옆 계단에 피아노 건반처럼 소리가 나오게 하고, 계단 칸칸마다 칼로리 소모량을 적어 계단 이용객을 늘린 것이다.

여러 사람이 사용하는 공간을 깨끗하게 청소된 상태를 유지하는 것은 쉽지 않다. 화장실 세면대에 물기를 제거할 수 있는 물칼을 두거나, 회의실에 물티슈를 배치하는 것이다. 지저분한 집이나 사무실에 가보면 꼭 필요한 청소도구가 없다.

홍대 지하철 입구는 여름이면 지하철을 이용하는 시민들이 테이크아웃 컵을 버려 민원이 잦았다. 서대문구청에서는 CCTV를 설치해 투기를 감시하거나 대형 쓰레기통을 설치하기보다 환경미화원이 부드럽게 웃는 스티커에 '이곳은 쓰레기통이 아닙니다'라는 문구와 쓰레기통 위치를 표시했다. 이용자들이 자연스럽게 쓰레기통에 버렸고, 쓰레기 양도 감소했다. 이후 전역으로 환경미화원 스티커가 확대되었다.

마음을 가다듬는 시작

새 스마트폰을 처음 개봉했던 순간을 떠올려보자. 깨끗한 상태에서 보호 필름을 씌우고 새 케이스도 씌웠을 것이다. 정리컨설팅을 하다보면 옷장이 아무리 난장판 같고 곰팡이 냄새가 나도, 명품 가방은 놀라울 만큼 새것처럼 반짝반짝하게 모셔져 있는 광경을 자주 볼 수 있다. 소중한 물건이기 때문에 깨끗이 간수하는 것이다. 그러나 역으로 생각하면 깨끗이 간수하니까 더 소중해지는 것 아닐까?

세계 최초로 16개의 고봉을 완등한 산악인 엄홍길 역시 청소의 힘을 아는 사람이다. 그는 아무리 열악한 환경에서도 텐트를 깨끗이 하려고 노력한다. 현지 셰르파들이 그 텐트를 가리켜 '신전'이라고 부를 정도다. 그가 이렇게 텐트를 신경 쓰는 이유는, 텐트야말로 험악한 산악 환경에서 쉴 수 있는 유일한 장소기 때문이다. 텐트를 잘못 관리해서 곰팡이가 생기거나 축축해지면 그로 인해 사고가 날 수도 있다. 그는 이렇게 등산 장비들을 관리하면서 마음 또한 가다듬을 수 있다고 말한다. 청소하면서 물건에 감사하고, 하루를 되돌아보는 시간을 갖는 것이다.

고된 훈련이 따르는 단체일수록 신입사원에게 청소를 맡기는 경우가 많다. 군대에 들어간 신임병, 음식을 처음 배우기 시작한 주방 보조처럼 말이다. 이때 청소는 도구와 공간에 익숙해지게 하면서, 새로운 질서를 받아들이게 하는 중요한 배움의 과정으로 작용한다. 일본의 유명한 경제 지도자 양성소인 마쓰시타 정경숙松下政經塾은 일본 최고의 인재들이 모이는 곳이다. 정경숙에서는 누구의 지시 없이 스스로 공부하지만, 딱 하나의 규칙이 있다. 바로 아침

청소다. 자신이 묵는 방 역시 자신이 청소해야 한다는 원칙을 가지고 있다. 이는 '자기 주변을 청소하고 다스리지 못하는 사람이 국가와 천하를 다스릴 수 없다.'라는 설립자의 철학이 반영된 것이다.

청소하다보니 어느새 마음이 뿌듯해지고, 기분이 상쾌해지는 경험을 해봤을 것이다. 초등학생 시절, 선생님들이 종종 내주시는 숙제 중에 '부모님 발 닦아드리기'가 있었다. 쑥스러우면서도 어쩔 수 없이 부모님 발을 닦다 보면, 부모님이 얼마나 고마운 분인지 새삼 느끼곤 했다. 물건과 공간 역시 마찬가지다. 누가 봐도 부끄럽지 않도록 깨끗이 청소를 하다보면, 물건과 공간에 감사하고 더불어 자신을 되돌아보게 된다. 청소의 진정한 힘은 바로 여기에 있다. 청소를 통해 삶을 정리하는 힘을 갖게 된다. 청소는 정리에서 빠질 수 없는 중요한 요소인 것이다.

직장생활을 했던 나도 청소의 힘을 경험했다. 업무에 대한 스트레스보다 더 힘든 것이 함께 일하는 동료들과의 관계 갈등이었다. 주어진 일을 책임지고 처리하지 않거나, 마감 기한을 어기는 동료들로 인해 조직 내 목표뿐 아니라 성과까지 영향을 주어 회사에 출근하기도 싫고 퇴사해야겠다는 결심도 수없이 했다. 그러다 어느 날부터 출근하면 내 책상을 물티슈로 닦고 주변 동료의 책상, 나를 힘들게 했던 직원들의 책상도 닦아주었다. 내가 그들에게 할 수 있는 마지막 애정이라고 생각했다.

그들이 달라져 책임있게 일하거나 시간을 지키지는 않았지만, 동료 직원들에 대해 가졌던 불편한 마음이 신기하게도 조금씩 줄어들었다. 더러운 책상만큼이나 내 마음 상태도 지저분했던 것이다. 그 후 회사 생활에 힘들다는 사람들에게 내가 해주는 조언은 출근 후 책상 닦기다.

편한 청소도구를 찾자

정리컨설팅을 하다 보면 스팀청소기나 커다란 진공청소기, 침구청소기 등 다양한 청소도구들이 뽀얀 먼지를 쓰고 방치된 것을 자주 본다. 기술이 발전할수록 점점 우수하고 다양한 용도의 청소도구가 출시되고 있지만, 아무리 성능이 좋아도 사용하지 않는다면 없느니만 못한 잡동사니일 뿐이다. '눈에 보이지 않는 먼지까지', '나노 기술의 힘' 등 그럴싸한 문구에 이끌려 구매하지 말고, 자신의 스타일을 고려해 사용하기 편한 도구를 고르자.

나는 날마다 퇴근 후 집 청소를 하는데, 주로 물티슈를 사용해서 방을 닦는다. 한 장이면 충분히 방 하나를 깨끗이 청소할 수 있다. 스팀청소기만큼 깨끗하지 않겠지만, 스팀청소기로 일주일에 한 번 청소하는 것보다는 물티슈로 날마다 청소하는 것이 훨씬 청결하다.

아침 5분의 청소 시간

"차라리 화장실 의자에 앉아서 점심을 먹는 편이 책상에서 음식을 먹는 것보다 안전할 것입니다."

미국 애리조나대학교의 미생물학자 찰스 거바Charles Gerba 박사는 절대로 사무실 책상에서 식사하지 말라고 한다. 사무실 전화기와 노트북에서 검출된 세균이 변기보다 400배 많기 때문이다. 거바 박사는 규칙적으로 사무실을 청소하고 책상 위를 소독하면 직원의 결근율이 30퍼센트 낮아지고, 학생의 결석률이 50퍼센트 줄어든다고 했다. 자주 아픈 직장인이라면 책상의 위생 상태부터 점검해보자.

아침에 출근하면 먼저 책상을 닦는 습관부터 가져보자. 칩 히스Chip Heath는 저서 《스위치》에서 5분 청소를 제안한다. 고작 5분 간 얼마나 청소할 수 있을까 싶지만, 일단 5분이라는 시간은 사람을 '움직이게' 만든다. 30분 동안 청소하겠다고 생각하면 시작하기 어렵고 자꾸 미루게 되지만, 5분간 청소하겠다고 마음먹는 것 정도는 실천하기 쉽다. '시작이 반이다.'라는 말이 있듯이 하기 싫은 일을 시작하는 것은 그것을 지속하는 것보다 더 어려운 법이다. 의외로 5분 만에 주변이 빨리 깨끗해지는 것을 보고 놀랄 것이다. 하다 보면 청소의 기운이 다른 곳으로 퍼져나가기도 한다.

예전 직장에서는 아침에 신나는 음악을 세 곡 틀어놓고, 음악이 끝날 때까지 개인 책상과 담당구역을 청소했다. 처음에는 직원들 얼굴에 불만이 가득했지만, 음악이 끝날 무렵에는 다들 손에서 걸레를 놓지 못하고 구석구석 남은 먼지까지 닦았다. 가정에서도 5분 청소 규칙을 도입해보자. 각자 청소구역을 나눈 뒤 아침 5분이나 잠들기 전 5분 다함께 청소를 시작하면 조금씩 집이 변해가는 모습을 느낄 것이다.

대청소라는 말은 이제 그만

　　조금씩 청소하는 방법은 다른 곳에도 적용할 수 있다. 보통 청소를 싫어하게 되는 이유 중 하나가 한꺼번에 하려고 하거나, '대청소'를 하려고 하기 때문이다. '대청소'는 나조차도 별로 내키지 않는 명칭이다. 예전에 정리컨설팅을 했던 M미용실에서는 '대청소 날'을 '리뉴얼 데이'라는 용어로 바꾸고, 30분 이내로 청소하기로 했다. 대신 매주 청소구역을 나누어 조금씩 청소하는 방법을 사용하자 직원들이 더 이상 대청소 때문에 스트레스를 받지 않게 되었다.

　　날마다 조금씩 청소하는 것을 지키면 대청소는 할 필요가 없다. 예를 들어, 샤워나 세수를 할 때 화장실의 일부분을 청소하는 것이다. 오늘 아침에는 세면대를 청소하고, 저녁 샤워 때는 변기를 청소하다 보면, 따로 시간을 내어 청소하지 않아도 늘 깨끗한 상태를 유지할 수 있다. 방도 마찬가지다. 미루었다 며칠에 한 번씩 하려고 하면 먼지와 때가 눌어붙어서 청소하는 데 시간이 오래 걸리지만, 날마다 부직포 걸레로 한 번씩 밀어주기만 해도 늘 깨끗하다.

공간정리의 흐름 4단계
; 잡동사니 버리기

오래전 케이블 방송 tvN 〈화성인 바이러스〉에서 출연 요청이 들어왔다. 솔직히 인기 프로그램이라 기대가 컸다. 주인공은 심각하게 정리하지 못하는 '난장판녀' 화성인이었다. 담당 작가가 대본을 보내주면서 나에게 미리 경고했다. "사진을 첨부했는데, 아마 깜짝 놀라실 거예요." 나는 속으로 이제 웬만큼 정리 못하는 집은 다 가봐서 별거 아닐 거라고 생각하며 첨부파일을 열었다. 순간 속이 울렁거렸다. 점심 먹은 게 체할 것 같을 정도로 심각한 사진이었다. 하지만 방송 당일 도착해 보니, 사진보다 10배는 더 심각하다는 것을 단박에 알 수 있었다.

집 문 앞에서부터 엄청난 악취가 풍기기 시작했다. 들어가 보니 집이라기 보다는 거대한 쓰레기통에 가까웠다. 방바닥에 모든 물건이 나와 있었고 그 위로 엄청난 쓰레기가 쌓여 있었다. 화성인 본인은 "일이 너무 힘들어서 치우는 걸 미루다 보니 어질러진 것 뿐"이라며 별일 아닌 듯 이야기했다. 짐이 너무 쌓여 있어 한동안 열지 못했던 냉장고 바닥에는 벌레가 잔뜩 생겼고, 김치는 회색으로 변색되어 있었다. 각종 쓰레기와 그릇들을 방치하다 보니 방 안에도 벌레가 생기는 것은 당연한 일. 화성인은 악취를 제거하기 위해 에어컨을 1년 내내 튼다고 했다. 하지만 에어컨을 틀면 추워서 잘 수가 없으니 방바닥 난방은 50도로 틀었다. 또한 불을 끄면 벌레가 활동하기 때문에 밤에도 불을 켜고 자야만 했다.

어떻게 사람이 이런 공간에서 생활을 할 수 있을까? 도무지 믿을 수가 없었다. 방송을 본 시청자들도 '차라리 조작한 것이었으면 좋겠다.'는 반응을 보였다. 《잡동사니의 역습》에 따르면, 심리학적으로는 이런 증상을 저장강박Hoarding disorder이라고 하며, 미국에서만 약 600~1,500만 명가량이 이 증상으로 고통받고 있다고 한다. 잡동사니는 한마디로 '사용해도 어떤 결과물도 만들어주지 못하는 물건'을 가리킨다. 하지만 대부분의 경우 다른 사람은 잡동사니라고 생각하더라도, 자신에게는 무엇보다도 소중한 보물이라며 절대 버리지 못하는 사람이 많다. 자신은 잡동사니를 얼마나 가지고 있는지 아래 리스트를 참고해 떠올려보자.

❖ 졸업 후 한 번도 보지 않은 전공 서적

❖ 무슨 사진인지 기억조차 나지 않는 필름

❖ 날씬했을 때 입었던 옷

❖ 맘에 들지 않는 선물

❖ 1년 동안 한 번도 쓰지 않은 물건

❖ 입으면 불편한 옷

❖ 읽다가 포기한 책

❖ 안 쓰는 볼펜

❖ 유통기한을 모르는 냉동식품

❖ 무겁거나 불편해서 사용하지 않는 청소용품

❖ 냄새나거나 색이 바랜 밀폐용기

❖ 고장 난 전자제품

❖ 누군가에게 주거나 팔려고 꺼내두고 방치한 물건

❖ 더 이상 수납할 공간이 없는 물건

왜 물건을 잘 버리지 못할까

　사람들이 물건을 버리지 못하는 첫 번째 이유는, 물건에 감정적으로 집착하기 때문이다. 나도 한때 옷에 무척 집착하던 시기가 있었다. 스스로 돈을 벌면서 새 옷을 자주 샀고, 옷이 닳아도 잘 버리지 못했다. 지금 생각해보면, 대부분의 옷을 남에게 얻어 입던 가난한 유년 시절을 새 옷으로 보상받고 싶었던 것 같다. 옷을 많이 가지고 있는 게 마치 안전하고 성공한 삶인 것처럼 착각했다. 나 말고도 옷을 버리기 어려워하는 사람이 참 많다.

　정리컨설팅을 가장 많이 의뢰하는 공간이 주방과 옷방, 그리고 서재다. 아이 방, 주방, 서재는 작고 다양한 물건이 많기 때문에 정리하기 어려워하지만, 옷장의 경우 수납을 너무 많은 옷을 어쩔 줄 몰라서 의뢰하는 경우가 대부분이다. 파레토 법칙이 옷장에도 적용되는데, 우리는 100일 중 80일은 20퍼센트의 옷을 입는다. 지난 한 달간 어떤 옷을 입었는지 떠올려보면 고개가 끄덕여질 것이다. 나머지 80퍼센트의 옷은 솔직히 처분해도 큰 상관이 없지만, 남에게 보이는 옷차림을 신경 쓰는 사람들에게는 아주 어려운 일이다.

　옷보다 사람들이 버리기 어려워하는 물건은 기념품이다. 특히 부모 입장에서 가장 버리기 어려워하는 물건은, 아이가 만든 모든 것인데, 이런 물건들을 심지어 '작품'이라고 한다. 이외에도 많은 사람들이 기념품을 행복했던 시절의 선물이며, 추억이 깃든 소중한 보물이라고 여긴다. 물론 그 기념품들을 다 버려야 한다는 것은 아니다. 다만 집착하면 안 된다는 것이다.

물건을 버리지 못하는 첫 번째 이유는 버릴 것의 기준을 세우지 않기 때문이다. 처음에는 버리기를 망설이던 분들도 정리컨설턴트가 제시하는 기준에 따라 몇 가지를 버리기 시작하면, 그 이후로는 신이 나서 스스로 물건을 버린다.

두 번째 이유는, 버리는 것을 나중으로 미루기 때문이다. '일단 여기 두고 나중에 정리해야지.', '일단 보관했다가 한꺼번에 처리해야지.'하고 물건을 쌓기 시작하면, 그 위로 비슷한 물건이 점점 쌓이고 결국에는 집이 '언젠가'의 물건들로 뒤덮이게 된다.

세 번째 이유는, 물건을 구입할 때의 가치로만 바라보기 때문이다. 정리컨설팅을 요청하는 주부들의 주방을 보면 한 번도 사용하지 않은 커피 머신이나 오븐, 녹즙기 등의 주방도구가 큰 자리를 차지하고 있다. 주방도구 때문에 온갖 주방용품이 싱크대와 식탁 위에 나와 있어서 정작 식사는 바닥에 앉아서 할 수밖에 없으면서도 "비싼 건데……"라는 이유로 버리지 못한다. 물건을 단지 물건으로 보는 것이 아니라, 구입할 당시 지불했던 돈으로 보는 것이다. 물건을 사용하지 않을수록 심하게 나타난다. 직접 만져보고 날마다 사용했던 물건이라면 그것을 자신이 소유한 물건이라고 인식하지만, 한 번도 사용하지 않은 물건이라면 여전히 진열되어 있던 상품이라고 느끼기 때문이다.

객관적인 시각을 가져보자

비우기를 잘하게 되는 첫 번째 방법은 객관적인 시각을 갖는 것이다. 버리는 것을 어려워하는 첫 번째 이유가 물건에 감정적으로 집착하기 때문이라고 했다. 이 경우 물건과 자신을 동일시할 정도로 물건에 애착을 보이므로 스스로 물건과 작별하는 것이 엄청나게 어려울 수밖에 없다. 하지만 이런 사람들도 정리컨설턴트와 함께 버리기 시작하면 적든 많든 버릴 수 있게 된다. 왜냐하면 정리컨설턴트는 그들처럼 물건에 대한 애정이 없는 타인이고, 물건에 대해 객관적인 판단 기준을 제시하기 때문이다.

버려야 하는 물건이 있는데 도저히 버리기 어렵다면, 내가 아닌 다른 사람이 물건을 버리고 있다고 생각하고 버리자. 정리컨설턴트가 되었다고 가정하고, 색다른 작업복을 입은 채 버리기를 해보거나, 선글라스를 쓰고 버리기를 하는 등의 방법도 좋을 것이다. 이런 역할 게임이 어렵다면, 미리 자신만의 버리기 기준을 몇 가지적고, 아무리 감정적인 동요가 들더라도 무조건 그 기준에 따라 버리기로 결정하고 시작하는 방법도 괜찮다. 정리력 챌린지에서 잡동사니 버리기를 잘 실천하는 분들이 가장 많이 사용하는 말이 '눈딱 감고'다.

혼자서는 잘 못 버리다가도 정리컨설턴트가 옆에서 함께 도우면 기다렸다는 듯이 시원하게 버리기 시작했던 S 미용실의 사례를 소개하고 싶다. 이 미용실은 계단 밑 공간을 직원 공간 및 세탁실로 활용하고 있었는데, 천장이 낮은 구석과 세탁기 위 선반에 온갖 잡동사니가 쌓여 있었다. 아무래도 손이 닿기 어려운 공간이다보니 한번 물건을 넣으면 잘 사용하지 않았던 것 같다.

정리컨설턴트들이 마스크를 쓰고 들어가 구석에 박혀있던 물건을 모두 꺼내니 여분의 호스 및 전선, 종이컵, 먹다 남은 과자 등이 먼지가 풀풀 나는 쓰레기가 되어 있었다. 직원들에게 버릴 것은 추려달라고 요청했더니 다함께 모여서 대부분을 시원하게 버렸다. 이곳 외에도 좁은 찬장을 가득 채우고 있던 낡은 그릇과 너무 많은 컵받침 등도 함께 버렸다. 매니저는 "이 그릇 버리는 게 제 숙원 사업이었어요!"라며 매우 좋아했다. 유일하게 쉴 수 있는 공간에 잡동사니가 가득했으니 그동안 불편한 점도 많았을 것이다.

잡동사니를 다 꺼내어 버린 뒤에는 좁은 구석을 선반으로 막고, 냉장고 위 선반은 아예 떼서 잡동사니가 쌓이는 것을 방지했다. 그러자 좁은 곳에 구겨 넣던 직원들의 신발과 세탁용품이 들어가고도 충분한 공간이 생겨 쾌적한 공간으로 변신했다.

임시보관함을 만들어보자

비우기를 잘하는 두 번째 방법은 임시보관함을 만드는 것이다. 이 방법을 특히 미루는 습관 때문에 버리지 못하는 사람에게 꼭 실천해보라고 권하고 싶다. 버리기가 망설여지는 물건, 언젠가는 쓸 것 같은 물건을 놓아둘 임시보관함을 정하는 것이다. 단, 크기를 정해놓아야 한다. 예를 들어 베란다의 벽장 중 맨 위 칸을 임시보관함으로 만든다면, 그 이상 물건이 늘어날 경우 무조건 골라 버리기로 약속한다.

임시보관함은 '369방식', 즉 3개월, 6개월, 9개월 이상 꺼내지 않을 경우 버리기로 정한다. 옷장에 아직 한 번도 입지 않았지만 어쩐지 나중에 입을 일이 생길 것만 같아서 버리기 어려운 옷이 있다면, 오늘 날짜와 언제까지 보관할지를 적은 종이를 붙여서 임시보관함에 넣어두자. 만약 6개월이나 9개월 뒤에도 이 옷을 꺼내지 않았다면, 앞으로도 계속 꺼낼 일이 없을 것이라는 뜻이다. '언젠가' 사용할 것 같다는 이유가 없어졌으니 이제 물건을 과감히 버릴 수 있다.

물건의 주인 의식을 갖자

세 번째로는 물건의 주인 의식을 갖는 게 중요하다. 우리는 소유하고 있는 물건의 주인이 되어야 한다. 이렇게 말하면 물건이 내 것인데 무슨 말인가 싶을 것이다. 집에 옷을 몇 벌 가지고 있는지 세어 본 적이 있는가? 강의를 다니며 물어보면, 남자분인데 양복만 30벌가량 가지고 있다는 분도 있었다. 굳이 양복을 날마다 갈아입을 필요가 없는 직업인데도 말이다.

나는 날마다 강의와 방송 촬영, 컨설팅 등으로 외부 활동이 많지만, 내가 가지고 있는 양복은 계절별로 두 벌 뿐이다. 생각해보라. 양복이 두 벌밖에 없다면 그 양복을 어떻게 대하게 될까? 오래, 깨끗하게 입어야 하니까 무척 소중하게 대할 수밖에 없다. 물건이 적기 때문에 물건에 대한 태도가 달라지는 것이다. 만약 내가 30벌의 양복을 가지고 있고 그중 여섯 벌만 입고 다닌다면, 나머지 양복에 대해 진짜 주인이라고 할 수 있을까? 오히려 옷을 보관하는 사람이라고 보는 게 더 맞지 않을까?

물건의 진짜 주인은 그것에 애정을 가지고 실제로 사용하는 사람이다. 후스토 곤잘레스Justo. L. Gonzalez는 "필요하지 않거나 사용하지 않는 물건을 소유하고 있는 것은, 진정한 주인에게서 그 물건을 빼앗는 행위와 같다."라고 말했다. 주인으로서 사용할 수 있는 물건만 갖고 있겠다는 마음이 필요하다. 자신이 지나치게 많이 가지고 있는 물건들을 하나씩 보면서 이 물건의 주인이 될 마음이 있는지 결정해보자. 주인이 되고 싶지 않은 물건은 과감하게 버리거나 나누자.

'버리기' 습관을 만들자

　버리기에 대해 길게 이야기했는데, 버린다는 것이 실제로 해보면 그만큼 어려운 일이기 때문이다. 버리기와 관련된 책만 해도 상당하다. 수납을 잘하는 사람은 많지만, 버리기를 잘하는 사람은 실제로 만난 적이 별로 없다. 전체 인구의 약 2~5퍼센트가 저장강박을 앓고 있는 미국의 경우, 도시마다 분야별 행정 담당관들로 구성된 저장강박 대책반이 있을 정도다. 소방, 보건, 주택, 정신건강 분야 등으로 이루어진 이 대책반에서는 버리기를 어려워하는 사람과 심층 상담을 하고, 공적인 비용을 투입해 집 청소를 도와주기도 한다. 국내에서도 저장강박의 심각성을 인지하고 지자체 중심으로 지역 주민대상의 지원사업이 다양하게 진행하고 있다.

　버리는 것도 처음에는 어렵지만, 습관으로 만들 수 있는 기술이니 크게 걱정하지 않아도 된다. 정리력 카페 회원이 되면, 날마다 하나씩 버리기 프로젝트를 시작하게 된다. 단순하게 날마다 하나씩 버려보고 무엇을 버렸는지 카페에 글을 올리는 것이다. 이 프로젝트에 참가해서 몇 개월 이상 버리기를 실천한 회원들의 경우, 처음에는 정리를 전혀 못 하는 분도 있었지만 차츰 정리력이 크게 향상된 모습을 보였다.

3개월 이상 이 습관을 훈련한 이들이 이구동성으로 하는 말은, 물건을 사거나 받아올 때 '이게 꼭 필요한가?'라고 자신도 모르게 생각하게 되었다는 것이다. 그리고 기대 이상으로 주변 사람들이 무척 좋아하는 걸 느낀다고 한다. 집에서 버리기를 시작하면 배우자와 아이들이 좋아하고, 회사에서 버리기를 시작하면 주위 동료들이 좋아하면서 어떤 계기로 버리기를 시작했는지 궁금해하는 사람도 있다고 한다. 실제로 주변인이 버리기를 시작한 것이 신기해서 정리력 강의를 소개받아 듣게 되었다고 말하는 수강생이 많다. 처음에는 음식 배달 전문점 전단이나 나무젓가락 같은 가벼운 물건부터 시작해보자. 버리는 것의 재미를 알아가면 점점 버리는 일이 쉬워질 것이다.

& Action Plan

잡동사니 기준 정하기

나에게 잡동사니란 어떤 물건인가? 나만의 기준을 다섯 가지 세워보자.

재고 조사표 만들기

소유하고 있는 물건이 어디에 있는지 찾지 못하는 분들이라면 집안 곳곳의 수납장들을 살피며 작은 노트를 활용해 목록을 작성해보자. 기업 물류창고에서 한 달에 한 번씩 재고 조사하는 것처럼 말이다. 나중에 물건을 찾을 때 이 재고 조사표의 힘을 확실히 느끼게 될 것이다.

하루에 물건 한 개씩 작별하기

외출하거나 퇴근할 때 집이나 사무실에 있는 물건 한 개를 찾아 버려보자. 그리고 그동안 사용하면서 고마웠던 점을 생각해보자.
버릴 물건과 의미 있는 작별을 원한다면 함께 사진을 찍어보고 추억으로 남겨보자.

과거의 영광을 상징하는 트로피 버리기

학창 시절에 받은 상장, 날씬했을 때의 사진 등 과거의 트로피를 하나 찾아서 버려보자. 과거의 나는 멋진 사람이었다는 것을 이미 충분히 알고 있다. 이제 물건을 떠나보내면서 현재의 나도 멋진 사람임을 인정하자.

5단계 정리법
배우기

공간정리 마지막 단계로 어떤 공간이든 적용할 수 있는 5단계 정리법을 소개한다. 다음의 5단계를 따라 하면 쉽고 제대로 정리할 수 있다. 먼저 설명을 가볍게 읽고 지갑, 책, 책상의 세 가지 공간을 정리해보면서 몸으로 익혀보자.

1단계 목적 파악하기

이 공간을 어떤 목적으로 사용하고 싶은지 정하자. 목적을 정하지 않으면, 서재가 책 창고처럼 변하기 쉽다.

2단계 분류하기

공간의 목적에 따라 필요와 불필요한 것, 자주 사용하는 것과 가끔 사용하는 것 등의 기준을 사용해 물건을 분류하자.

3단계 시스템 만들기

기업에서 인사팀, 재무팀 등으로 업무 시스템을 만들 듯이, 자신의 공간 역시 작은 영역으로 나누어 운영하자. 서랍 첫째 칸과 둘째 칸에는 각각 어떤 역할을 줄 것인가?

4단계 정리, 정돈, 청소

❶ 정리: 불필요한 물건은 과감히 버리거나 제자리에 갖다 놓자.

❷ 정돈: 시스템과 수납도구에 맞게 물건을 수납해보자.

❸ 청소: 공간 전체를 청소하고 깨끗한 상태를 만들자.

5단계 규칙 만들기

정리된 상태를 유지하기 위해서 어떤 습관이 필요할까? 적어도 책상 중앙만큼은 비워놓기, 퇴근 전 10분간 정리하기 등 자신의 스타일에 맞는 약속을 정해서 꾸준히 지켜보자.

5단계 정리법 연습
; 지갑

5단계 정리법 배우기 첫 번째로 늘 들고 다니는 지갑을 정리해보자. 지갑은 작은 공간에 많게는 수십 가지의 물건이 들어가는 물건이다. 지갑을 쉽게 정리할 수 있다면, 정리에 자신감을 가져도 좋다. 정리 전과 후 사진을 찍는 것도 잊지 말자.

1단계 목적 파악하기

지갑의 목적을 파악해보자. 나는 지갑을 어떤 목적으로 사용하고 싶은가? 예를 들어, 충동구매 없이 알뜰하게 지출하는 지갑, 할인카드와 마일리지를 찾기 쉽게 정리해놓는 지갑 등을 살펴보자.

버릴 것	중요한 것	중요하지 않은 것
안 쓰는 마일리지 카드	지혜, 현금카드, 가족사진	지혜, 현금카드, 가족사진

2단계 분류하기

지갑 속의 물건을 모두 꺼내어 목적에 맞게 분류해보자. 오늘은 일단 정한 기준에 맞추어 분류해보자. 충동구매를 방지하는 것이 목적이라면 신용카드는 버리거나 빼놓으면 어떨까?

3단계 시스템 만들기

지갑에서 사용하기 가장 편리한 곳은 어디인가? 중요한 물건은 어디에 배치하는 게 좋을까?

4단계 정리, 정돈, 청소

❶ 버릴 물건을 버리자.

❷ 지갑을 깨끗이 닦자. 물 세척을 하거나, 가죽 전용 클리너를 이용한다.

❸ 중요한 물건부터 배치하고, 나머지 공간에 중요하지 않은 물건을 배치하자.

5단계 규칙 만들기

지갑을 깨끗이 유지하기 위한 나만의 규칙을 만들어보자. 앞으로 마일리지 카드 안 만들기, 스마트폰 어플로 대체하기, 불필요한 영수증은 받자마자 바로 버리기 등 실생활에 유용한 규칙을 만든다.

5단계 정리법 연습
; 책

'나도 책 좀 읽어야 하는데……' 생각은 하지만, 집에 오기만 하면 TV를 켜거나 스마트폰 게임에 빠지는 일상이 반복되고 있지 않은가? 그렇다면 책장 정리가 문제일 수 있다.

1단계 목적 파악하기

나는 책을 왜 읽는가? 어떤 정보를 얻고 싶은가? 사실은 책을 보며 쉬고 싶은데, 영어 학습서나 자기계발서만 구입하는 것은 아닐까?

2단계 분류하기

책장을 보며 필요 없는 책을 골라내보자. 1년 내로 읽지 않을 책, 앞으로 참고할 일이 없는 책, 너무 낡은 책 등은 과감히 꺼내자. 아니면 직접 기준을 정해 분류해보자. 업무용과 개인용, 읽은 책과 안 읽은 책, 종류별 분류 등 내가 가진 책과 목적에 맞게 분류해보자.

3단계 시스템 만들기

어느 칸에 어떤 책을 둬야 책을 더 잘 읽게 될까? 각 칸의 높이, 위치, 눈높이 등을 고려해서 시스템을 만들자. 책장에 여유 공간을 두면 보기에도 좋고 책을 더 잘 읽게 된다. 서점의 베스트셀러 코너처럼, 책의 표지가 보이게 진열하는 칸을 만들어도 좋다. 잡지가 많다면 잡지꽂이를 이용해보자. 굳이 종이로 된 책이 필요 없거나 오랜 보관이 필요하다면 스캔하여 전자책을 만들어주는 서비스를 이용해 책을 PDF로 바꿔보자.

4단계 정리, 정돈, 청소

❶ 필요 없는 책은 버리거나, 친구에게 주거나, 팔자. 책 목록을 만들어 친구들에게 이메일을 보내는 것도 좋은 방법이다. 요즘 온라인서점에서는 구입가의 최대 55퍼센트로 중고책을 팔 수 있다.

❷ 책장을 깨끗이 청소하자. 책에 묻은 먼지도 털어내자. 극세사 장갑을 이용하면 먼지를 쉽게 뗄 수 있다.

❸시스템에 맞게 책을 수납하자. 책이 자꾸 쓰러진다면 북엔드를 이용하자.

버릴 것	청소할 것	수납할 것

5단계 규칙 만들기

자꾸만 읽고 싶어지는 책장을 만들기 위한 규칙을 만들어보자.

5단계 정리법 연습
; 책상

요즘은 카페에서 일이나 공부를 하는 풍경이 흔하다. 카페나 도서관에 가야만 집중이 잘 된다면, 책상을 점검해볼 필요가 있다. 직장인과 학생에게 책상이란 하루 중 가장 많은 시간을 보내는 곳이자, 성과에 가장 영향을 주는 곳이다. 책상을 업무의 활주로로 만들어보자.

1단계 목적 파악하기

책상은 자신에게 어떤 공간인가? 사무적 직장인에게는 효율적인 업무를 위한 공간일 것이며, 디자이너라면 창조적인 영감을 가져다주는 공간일 것이다. 집에 있는 책상은 영화를 보며 쉬는 목적으로 사용하고 있는가?

2단계 분류하기

목적과 내가 가진 물건에 맞는 기준으로 물건을 분류하자. 회사의 책상과 집의 책상에서 각각 무엇이 중요한가? 자주 사용하는 것과 가끔 사용하는 것은 무엇인가?

3단계 시스템 만들기

다른 공간에 비해 책상 정리는 시스템을 만드는 단계가 가장 중요하다. 시스템이 책상에서 하는 일의 질과 효율을 결정할 수 있기 때문이다. 예를 들어, 자료를 자주 찾아봐야 하는 업무라면, 매번 일어서서 꺼내지 말고 자료를 편리한 곳에 두자. 또한 업무 영역, 자료 영역, 인맥관리 영역, 아이디어 영역 등으로 책상을 나눠두자. 그리고 영역별로 알맞은 수납도구를 구입하거나 배치하자.

4단계 정리, 정돈, 청소

❶불필요한 물건은 과감히 버리거나 제자리에 갖다 놓자. 모니터에 붙어있는 포스트잇은 다이어리에 깔끔히 옮겨 적고 버리자. 자주 사용하지 않는 스테이플러심 등의 문구는 공용문구함에 놓자. 파일 상태로만 둬도 되는 종이 서류는 버리거나 스캔하여 디지털 자료로 바꾼다. 회사에 있는 개인 물품은 집으로 가져가자.

❷ 깨끗이 청소하자. 책상 위는 화장실 변기보다 세균이 많다고 한다. 이 기회에 깨끗하게 닦아보자.

❸ 시스템과 수납도구에 맞게 물건을 수납해보자. 물건이 여전히 많다면 집게, 고무줄, 지퍼백 등을 이용하면 깔끔해 보인다.

5단계 규칙 정하기

오늘 책상에서 어떤 물건을 많이 없앴는가? 평소 물건을 쌓아두는 습관은 어떠한가?

정리 후 깨끗해진 모습처럼 유지할 수 있는 규칙을 정해보자. 예를 들어, 책상은 매일 아침 업무 전과 퇴근 전에 정리하기, 매일 아침마다 책상 닦기, 앞으로 서류 부피 더 늘리지 않기 등 실현 가능한 규칙을 정한다.

물건정리에 유용한 정보

물품 기부단체 : 아름다운가게(http://www.beautifulstore.org)

굿윌스토어(http://goodwillstore.org/)

폐가전제품 무상방문 수거서비스 : 순환거버넌스(1599-0903 http://www.15990903.or.kr)

폐휴대폰 기부 : 나눔폰(http://나눔폰.kr)

크레파스, 필요없는 이면지, 비누 기부 : 옮김(https://www.omkim.org)

장난감 기부 : 코끼리공장(https://www.kogongjang.com/)

국내외 소외계층 의류 지원 NGO 단체 : 옷캔(http://otcan.org)

청년을 위한 면접용 정장 기부 : 열린옷장(https://theopencloset.net/)

&Check List

시간정리력 점검하기	Y	N
마감시간에 자주 쫓기는 편이다.		
목표를 세우면 작심삼일이 되는 경우가 많다.		
주변 사람들에게 '바쁘다'는 말을 많이 한다.		
한 주에 절반 이상은 야근하거나 불필요하게 늦게 퇴근한다.		
시간이 나면 해야지 하다가 못한 일이 많다.		
자기계발을 위해 거의 시간을 못 쓰는 편이다.		
휴가를 보내고 나면 더 피곤하다.		
아무 일도 하지 않고 멍한 시간이 많다.		
한 가지 일에 집중을 못 한다.		
가족이나 소중한 사람들과 대화할 시간이 부족하다.		
금요일 저녁이 되면 한 주간 무슨 일을 했는지 잘 모르겠다.		
헬스장, 학원 등을 등록해놓고 못 간 적이 많다.		
종일 피로를 느낀다.		
수첩이나 다이어리를 쓰긴 하지만 대부분 비어 있다.		
메일 확인과 업무 전화로 오전이 다 지나간다.		

7개 이상 : 지금은 한숨부터 나오겠지만 많은 분이 시간을 통제하지 못하고 계십니다. 주어진 시간의 주인이 되는 방법을 배우기 위해서 수첩, 다이어리와 필기도구를 늘 휴대하시고, 메모 (기록)부터 시작해보세요.

5개 미만 : 몇 가지 습관만 바꾸면 효과적으로 시간을 정리할 수 있습니다. 새로운 습관을 한 개씩 자신의 것으로 만들어보세요.

2개 미만 : 완벽하게 시간을 정리하기보다 자신을 위해서 더 많은 시간을 만들어보세요.

<6장>
시간정리

온종일 허둥대도 손가락 틈새로 모래알같이 빠져나가는 시간, 정신을 차려보면 한 일도 없이 지나가버리는 하루. 공간정리를 하면서 높인 정리력으로 이번엔 시간을 정리해보자. 시간정리라고 어렵게 생각할 필요 없다. 공간정리와 기본 방식은 똑같다. 시간의 잡동사니는 버리고, 할 일 목록 만들기 쇼핑을 자제하면 된다. 무엇보다 공간에 목적을 찾아주듯이 시간의 목적을 찾아주는 것이 가장 중요하다. 시간을 정리한다는 것이야말로 자신이 바라던 삶을 살게 되는 것이다.

한국은 경제협력개발기구OECD 회원국 중 가장 노동시간이 긴 나라다. 1995년 가입 이후 한 번도 바뀌지 않았다고 한다. 한국의 직장인들은 평균 일주일에 3일 정도는 야근한다. 수많은 직장인에게 야근은 선택이 아니라 필수가 되어버렸다. 야근하는 이유를 물어보면, 업무량이 많은데 일하는 시간이 부족하다는 답변이 66.7퍼센트다. 그러나 이것은 실제로 일이 많다기보다는 불필요한 일에 시간을 많이 빼앗긴 결과다. 시간을 '관리'하려고만 하기 때문이다. 이제부터 관리하기보다는 정리해보자. 시간이라는 한정적인 자원을 활용해 원하는 결과를 얻기 위해서는 효과적인 활동을 선택하고 집중해야 한다.

시간정리를 못 하는 사람 vs 잘하는 사람

경영학에서는 효과성Effectiveness과 효율성Efficiency이라는 개념이 있다. 효과성은 목표를 달성하여 원하는 결과를 얻는 것이며, 효율성은 목표를 이루기 위한 과정이 경제적인 것을 의미한다. 등산으로 예를 들어보자면, 산에 빨리 오르는 것은 효율적이다. 산꼭대기에 도착한 것은 효과적이다. 보통은 일을 효율적으로 하려고만 하기 때문에 정작 그 일의 목적이 무엇인지를 잊어버리는 경우가 많다. 수많은 사람이 야근까지 하면서도 성과를 내지 못하는 이유는 시간을 쓰는 방법이 잘못되어 있기 때문이다.

두 부류의 영업 사원을 살펴보자. A사원은 새벽부터 늦은 밤까지 수십 군데의 거래처를 다니면서 제품을 소개하고, 저녁 늦게

까지 바쁜 하루를 보낸다. 반면 B사원은 사무실에서 중요 거래처 몇 곳의 리스트를 정리하여 하루에 한두 곳의 거래처를 다니면서 대부분의 계약을 체결한다. 둘 중 효율적으로 일한 것은 A사원이지만, 효과성 높은 것은 B사원이라고 할 수 있다. 효율적으로 일한다는 것은 일을 제대로 하는 것이고, 효과적으로 일한다는 것은 제대로 된 일을 하는 것이다.

피터 드러커는 "올바른 일을 하는 것과 일을 제대로 하는 것 사이에 놓인 효과성과 효율성의 혼란에서 모든 문제는 비롯된다. 확실한 것은 하지 않아도 될 일을 효율적으로 하는 것만큼 쓸모없는 일은 없다."라고 했다. 시간정리를 잘하기 위해서는, 왜 일하는지 그리고 무엇을 위해 일하는지에 대해 답할 수 있어야 한다. 현재의 일 중 필요한 일과 불필요한 일이 무엇인지 구분할 수 있어야 하는 것이다.

우리의 인생에 이 질문을 적용해보자면, "무엇을 위해 시간을 정리하고 싶은가?"라고 물을 수 있겠다. 공부하는 학생이라면 성적이라고 답할 것이고, 직장인이라면 업무 성과라고 답할 것이다. 그러나 시간을 정리함으로 인해서 우리가 얻을 수 있는 가장 궁극적인 결과는 '마음의 평화'다. 시간관리 전문가 하이럼 W. 스미스 Hyrum W. Smith도 "일상 활동에서 지배가치에 따라 행동하면 마음의 평화를 얻게 된다."고 했다.

두 번째로 얻을 수 있는 결과는 '일과 삶의 균형'이다. 시간에 대한 관심도는 지식 근로자들이 일하는 시간을 보다 효율적으로 사용해 생산성을 높여야만 했던 산업화시대부터 증가했다. 수백 년 동안 수많은 시간관리 전문가들과 그들이 만든 책이 쌓이고, 초등학교부터 기업에 이르기까지 다양한 시간 교육이 진행되어 왔다. 그러나 그 중요성이 최근 더 급부상하게 된 이유는 기업의 '워크 스마트'에 대한 관심이 갈수록 높아지고 있기 때문이다. 이는 CEO들이 '워크 하드work hard'에 대비되는 일하기 방식의 필요성을 언급하면서 기업사회에 알려지기 시작한 용어로, 기존의 업무 관행에서 벗어나 창조적으로 일해야 한다는 의미를 내포하고 있다.

그동안은 사무실에서만 일했다면 스마트폰, 스마트패드 같은 IT 기기, 페이스북 같은 소셜 미디어, 클라우드 컴퓨팅 같은 새로운 웹 환경을 통해서 집이나 외부 공간 어디에서나 일할 수 있게 되었다. 이제는 사무실에서 밤늦도록 야근하는 것만이 최선이 아니라, 어떤 장소에서든 집중하고 이완하며 삶의 여유를 갖는 데서 생산성이 오른다.

시간정리 1단계
; 소중한 것을 먼저하라

시간정리를 잘하기 위해서 가장 핵심적인 것은 '인생에서 가장 소중한 것'의 발견이다. 소중한 것에는 세 가지가 있는데 살아가는 이유인 '사명'과 인생의 목표인 '비전', 삶에 대한 태도인 '가치'다. 성공한 사람들의 자서전을 읽어보면 공통적으로 이 세 가지를 가지고 있다.

사명이란 인생의 의미와 목표를 글로 표현한 것이다. 자신만의 독특한 삶의 목적이며, 의사를 결정하고 행동을 선택하는 개인의 헌법 같은 역할을 한다. 사명서를 작성하는 일에 많은 사람이 부담을 갖는데, 멋진 문장으로 한 장을 채우는 게 중요한 게 아니라 인생에 대해 진정한 고민을 해보고 답을 발견하는 게 중요하다. 사명선언서에 대해 잘 설명된 대표적인 책은 스티븐 R. 코비Stephen R. Covey의 《성공하는 사람들의 7가지 습관》이다. 스티븐 코비는 가족 사명선언서를 작성하기 위해 8개월이 걸렸다고 한다. 책 한 권이나 인터넷을 검색해 그럴듯하거나 급하게 사명선언서를 쓰는 게 중요한 게 아니라, 자신에 대해 깊이 있게 발견하면서 지속적으로 사명선언서를 수정하는 것이 좋다. 사명선언서를 작성했다면, 최소 1년에 한 번씩은 업데이트를 권한다.

실현 가능한 비전

시간정리에 대해 강의할 때, 참석자들에게 "비전 있으신 분?"이라고 질문하면 30퍼센트 정도만 있다고 답한다. 중학생부터 성인에 이르기까지 다양한 연령의 사람들에게 강의하는데 나이가 젊을수록 인생의 비전이 명확하지 않은 경우가 많다. 간단하게 "꿈이 무엇인가요?"라고 물어봐도, '공무원 시험에 합격하는 것', '대기업에 들어가는 것', '연봉 3천 이상을 받는 것' 등 대개 현실적인 목표만을 이야기한다. 이런 것을 두고 자신의 삶을 이끌어줄 비전이라고 할 수는 없다.

한번은 대학교 신입생 대상으로 강의하면서, "인생에 구체적인 비전이 없는 학생들은 5년 후 학교 정문에 모여서 에베레스트 산 정상을 함께 오르자."라고 했다. 대부분의 학생이 웃거나 멀뚱한 표정으로 왜 그래야 하느냐는 반응이었다. 이처럼 비전이라는 것은 누군가에게 강요받거나 쉽게 결정할 수 없는 것이다. 또한 비전을 이루기 위해서는 준비가 필요하다. 혼자 갑자기 에베레스트를 오르려 한다면 등반할 수 있겠는가. 세계에서 가장 높은 산을 오를 만한 체력이나 고가의 장비도 필요하다. 주위 사람들의 응원도 필요하고, 함께 짐을 짊어지고 길을 안내해줄 세르파도 필요하다. 준비 기간도 몇 년은 걸리고, 등반하는 것만 해도 수십 일이 걸릴 수 있다. 비전은 '실행 가능한 계획'이라는 말이 있다. 하지만 많은 사람들이 비전을 하늘에 떠 있는 별인 양 생각한다. 최선을 다해 준비할 마음도 없으면서, 어느 날 운이 좋아 갑자기 이루어지기만을 바라는 사람들도 많다. 비전이 아닌 환상을 가지고 있는 것이다.

비전이 있다면, 먼저 자신이 가진 비전의 현실성을 점검해보자. 전 세계 800개가 넘는 회사에 투자한 아시아 최고 기업인 소프트뱅크의 손정의 회장은 창업 30년을 맞아, 향후 30년을 내다보며 회사의 비전을 세우기로 했다. 그는 친한 임원 몇 명과 테이블에 모여 정하지 않고, 1년간 각고의 노력을 기울였다. 2만여 명의 임직원뿐 아니라 소셜미디어 X(2023년 7월 트위터에서 사명 변경)를 통해서 많은 사람의 생각과 지혜를 모으며, 회사의 이상을 표현하면서도 실제로 실현 가능한 비전을 수립한 것이다. 준비한 지 1년 후에 정기 주주총회에서 '신비전 30년'을 발표했는데 이를 동영상으로 본 적이 있다. 수많은 노력 끝에 탄생한 비전, 30년 뒤 시가총액 300조엔 회사를 만들겠다는 비전을 보면서 가슴이 뭉클했다. 비전이라는 것은 이처럼 실행 가능한 계획이다.

나만의 지배가치는 무엇일까

가치는 행동을 지배하고, 사명과 비전을 결정하는 기반이다. 그중에서도 지배가치란 자신이 인생에서 가장 소중하게 생각하는 가치다. 한 마디로 목숨을 걸어도 아깝지 않은 삶의 가치인 것이다.

1991년 전 세계적으로 시작된 '버추 프로젝트'는 인류 사회의 보편적 가치인 360여 가지 미덕virtue 가운데 52가지를 선정하여, 많은 사람들이 일상생활 속에서 이 가치들을 훈련할 수 있도록 가

버추 프로젝트에서 선정한 52가지 미덕

감사 / 결의 / 겸손 / 관용 / 근면 / 기뻐함 / 기지 / 끈기 / 너그러움 / 도움 / 명예 / 목적의식 / 믿음직함 / 배려 / 봉사 / 사랑 / 사려 / 상냥함 / 소신 / 신뢰 / 신용 / 열정 / 예의 / 용기 / 용서 / 우의 / 유연성 / 이상 / 이해 / 인내 / 인정 / 자율 / 절도 / 정돈 / 정의로움 / 정직 / 존중 / 중용 / 진실함 / 창의성 / 책임감 / 청결 / 초연 / 충직 / 친절 / 탁월함 / 평온함 / 한결같음 / 헌신 / 협동 / 화합 / 확신

정이나 학교에서 다양한 활동을 펼치고 있다. 자신의 지배가치를 아직 찾지 못했다면, 아래 52가지 미덕 중 자신이 많이 갖고 있는 것과 부족하게 갖고 있는 것을 골라보자. 그리고 자신의 인생을 살아가는 데 기준이 될 만한 것을 추려본다.

　　미덕에 해당하는 단어들을 평소 대화에서 사용하는 것만으로도 큰 효과를 얻을 수 있다. 업무 메일에 "김 대리님이 이번 프로젝트에서 보여주신 헌신과 책임감에 큰 감사를 드립니다."처럼 가치와 관련된 단어를 풍부하게 사용하면 품격이 높아지는 것을 느낄 수 있을 것이다.

자신의 인생을 표현해줄 수 있는 지배가치는 단시간에 찾을
수 있는 것은 아니니 천천히 발견해보자. 지배가치를 발견했다면,
일상 활동에서 이에 따라 행동하도록 해보자. 진정한 마음의 평화
를 얻을 수 있을 것이다. 예를 들면, 하루에 꼭 한 가지씩 그 가치를
높이는 활동을 하는 것이다. 벤저민 프랭클린Benjamin Franklim은 13
가지(절제, 침묵, 질서, 결단, 절약, 근면, 진실, 정의, 중용, 청결, 평정심, 순결, 겸허)
지배가치들을 잘 지키고 있는지 날마다 체크를 했고, 요일별로 특
별히 더 실천하는 가치가 있었다고 한다. '기쁨'을 가치로 정했다면,
산책이든 가족들과 시간 보내기든 자신에게 기쁨이 될 수 있는 활
동을 해보자. 행동하는 가치만이 의미가 있다.

시간거지 vs 시간부자

직장인 대상의 설문조사에서 10명 중 7명이 자신을 타임푸어
(시간거지)라고 느낀다고 응답했다. 이처럼 사회적으로 시간 사용에
대한 고충을 호소하는 사람이 많다. 일 생각 때문에 퇴근을 못 하는
사람, 전화가 올까봐 종일 전전긍긍하는 사람, 집에 와도 일만 생각

하느라 수면 장애가 생긴 사람, SNS나 카톡 알람이 쉴 새 없이 울리는 사람, 알코올 중독, 집에 가면 쓰러져서 TV만 보는 사람 등등. 시간을 주체적으로 쓰지 못하고, 항상 시간이 부족하다고 느끼며 시간에 끌려다니는 사람이 늘어가고 있다.

타임푸어는 흔히 생각하듯이 시간이 부족한 사람이 아니다. 시간에 불안을 느끼는 사람이다. 시간을 통제 못하고 있다는 불안, 시간이 부족하다는 불안, 무엇인지 잘 모르는 막연한 불안, 충분한 여유가 있는데도 시간이 촉박하다고 느끼는 데드라인 불안 등. 시간에 대한 불안은 다양하게 나타난다.

불안의 가장 큰 특징은 '일어나지 않은 일'에 대한 막연한 마음 상태라는 것이다. 구체적으로 어떻게 시간을 잘못 쓰고 있는지, 얼마나 부족한지를 분석하고 나면 차분해질 수 있는데 현재 상황을 감정적으로만 대하고, 불안한 마음을 상자 속에 가두려고 하기 때문에 점점 불안이 커지는 것이다.

시간에 대한 불안은 표현하고, 분석하는 것이 가장 좋은 해결책이다. 걱정되는 것은 다 적고, 일기를 쓰고, 솔직히 마음을 털어놓을 수 있는 주변 사람과 대화하는 것으로도 좋아진다. 표현만으로는 해결되지 않는 문제는 구체적으로 분석해서 해결책으로 상황을 바꾸어야 한다.

위대한 삶을 살았던 역사적 인물이나 유명인의 자서전을 읽다보면 그들이 삶을 비범하게 만들었던 시간 사용에 대한 원칙을 알 수 있다. 그들의 공통적인 시간사용 원칙 하나다. '소중한 것을 먼저하라.' JP모건 체이스 창립자인 존 피어폰 모건John Pierpont Morgan은 말했다. "매일 아침 그날 해야 할 일의 목록을 적어라. 그리고 그 목록대로 실천하라." 기업인이자 108대 뉴욕시장을 지낸 마이클 루벤스 블룸버그Michael Rubens Bloomberg는 말했다. '나는 잠들기 전 침대에 누워 내일에 대해 생각한다. 내일 꼭 해야 할 일 세 가지를 머릿속으로 구상하고 잠을 청한다." 성공자들은 하루를 성공적으로 보내기 위해 하루를 시작하는 아침이나 저녁에 우선순위를 점검하고 기록하는 시간을 가졌다.

시간정리 2단계
; 시간을 기록하라

"일주일에 이틀 정도는 멍하니 보내는 것 같아요."

개인 사업체를 3년째 운영하고 있는 J사장님은 아침 일찍부터 늦은 밤까지 종일 바쁘게 시간을 보내지만, 제대로 하는 일 없이 정신없기만 한 일상에서 탈출하고 싶다고 했다. 시간정리가 안 되니 사업도 확장이 안 되고 한계에 맞닥뜨린 것 같다고 했다. 나는 일주일 단위로 일과 시간을 기록할 수 있는 주간 일정표를 건네면서 사용 시간을 기록해 달라고 하고 일주일 후 미팅했다. 적혀 있는 시간 기록표를 보면서 한 주간 무엇을 위해 얼마나 시간을 썼는지 파악해보니, 실제로는 예정에 없던 불필요한 약속, 웹서핑과 같이 업무 성과를 만드는 시간보다 의미 없게 보내는 시간이 하루에 5시간 정도가 된다는 것을 알 수 있었다.

MBC 〈경제 매거진〉이라는 프로그램에서도 시간정리컨설팅을 의뢰받아 촬영한 적이 있다. 고객은 재무컨설턴트로 최근 부적일이 많아져 거의 날마다 야근해야 했고, 집에 돌아가면 아이들을 챙기느라 자신을 위한 시간을 전혀 내지 못했다. 하루에 얼마나 일하냐고 물으니 12시간 정도 일한다고 했다. 나는 준비한 시간 가계부 시트를 꺼내어 그 자리에서 지난 일주일간의 시간을 작성해달라고 했다. 분명히 하루에 12시간을 회사에서 지냈지만, 시간 가계부를 통해 파악된 업무 시간은 겨우 4시간에 불과했다. 결국 나머지 8시간은 효과적으로 업무에 사용하지 못하고 있었다.

먼저 시간 패턴을 파악하라

피터 드러커는 기업을 경영하듯이 개인도 자신의 시간을 '경영'해야 한다는 말을 최초로 사용한 사람이다. 그는 시간 경영을 위해 시간을 '기록, 관리, 통합'하는 3단계가 필요하다고 이야기했다.

그중에서 기록이야말로 가장 중요한 요소다. 일단 시간을 어떻게 사용하고 있는지 패턴을 먼저 파악해야 그 후에 할 일과 하지 말아야 할 일을 정할 수 있기 때문이다.

이를 위해서 시간 가계부를 사용하는 것이 좋다. 매일 자정에 누군가 당신에게 24시간이라는 귀중한 시간을 입금해준다고 생각해보는 것이다. 재테크의 기본은 가계부를 쓰는 것이듯, 시간정리의 기본도 시간 가계부를 쓰는 것이다. 특히 바쁘다고 생각하는 사람일수록, 자신이 시간을 어떻게 쓰고 있는지 확인해보는 것이 필수다. 시간은 인식하는 것과 실제 사용하는 것이 다른 경우가 많다.

혼다 나오유키本田直之는 저서 《타임에셋》에서 이렇게 말했다. "시간을 낭비하는 사람은 수입도 늘지 않고 자기 시간도 가질 수 없다. 반대로 시간을 투자하는 사람은 직업적으로 큰 성과를 올릴 뿐 아니라, 불로소득처럼 생긴 시간을 사용해서 여행도 가고 가족과 함께하면서 여유롭게 생활할 수 있다. 투자의 세계에서는 당연하고 상식적인 것이지만, 시간에 대해서는 이런 생각이 형성되지 않은 사람이 아직 많은 것 같다." 지금부터라도 시간을 마치 자산처럼 대하는 관점을 가지고 가계부를 작성해보자.

고정된 시간부터 기록

통계청에서 해마다 한국인들이 사용하고 있는 시간에 대한 통계자료를 발표하는데, 우리가 주로 사용하는 시간을 세 가지로 나누고 있다.

19세 이상 성인의 하루 24시간 사용 현황(퍼센트) : 2019년 생활시간조사

	전체			남자(A)			여자((B)			차이(B-A)	
	2014	2019	차이	2014	2019	차이	2014	2019	차이	2014	2019
필수시간	11:13	11:13	0:20	11:11	11:27	0:16	11:16	11:39	0:23	0:05	0:12
수면	7:56	8:09	0:13	7:55	8:06	0:11	7:58	8:11	0:13	0:03	0:05
식사 및 간식	1:58	1:56	−0:02	2:01	1:58	−0:03	1:56	1:55	−0:01	−0:06	−0:03
기타 개인유지[1]	1:19	1:28	0:09	1:15	1:23	0:08	1:22	1:33	0:11	0:07	0:10
의무시간	7:54	7:39	−0:15	7:49	7:38	−0:11	7:59	7:40	−0:19	0:10	0:02
일(구직활동 포함)	3:41	3:32	−0:09	4:43	4:30	−0:13	2:43	2:37	−0:06	−2:00	−1:53
학습	0:23	0:24	0:01	0:26	0:26	0:00	0:21	0:21	0:00	−0:05	−0:05
가사노동[2]	2:08	2:06	−0:02	0:46	0:56	0:10	3:25	3:13	−0:12	2:39	2:17
이동	1:41	1:38	−0:03	1:53	1:46	−0:07	1:30	1:29	−0:01	−0:23	−0:17
여가시간	4:52	4:47	−0:05	5:00	4:54	−0:06	4:45	4:41	−0:04	−0:15	−0:13
교제 및 참여	1:13	1:00	−0:13	1:02	0:48	−0:14	1:23	1:11	−0:12	0:21	0:23
문화 및 관광	0:04	0:04	0:00	0:04	0:03	−0:01	0:04	0:04	0:00	0:00	0:01
미디어 이용	2:28	2:30	0:02	2:32	2:32	0:00	2:24	2:27	0:03	0:08	−0:05
스포츠 및 레포츠	0:31	0:31	0:00	0:37	0:37	0:00	0:26	0:26	0:00	0:11	−0:11
기타[3]	0:36	0:43	0:07	0:46	0:53	0:07	0:28	0:34	0:06	0:18	−0:19

*1. 개인 건강관리, 개인위생 및 외모관리 2. 가정관리, 가족 및 가구원 돌보기 3. 게임 및 놀이, 개인 취미활동, 자원봉사 등

- 필수 생활시간(11시간 33분) | 수면(8:09), 식사 및 간식(1:56), 기타 개인유지(1:28)
- 의무 생활시간(7시간 39분) | 일(3:32), 학습(0:24), 가사노동(2:06), 이동(1:38)
- 여가 생활시간(4시간 47분) | 교제 및 참여(1:00), 문화 및 관광(0:04), 미디어 이용(2:30),
  스포츠 및 레포츠(0:31), 기타(0:43)

❖ 필수 생활시간 : 수면, 식사 및 간식, 개인 관리 등

❖ 의무 생활시간 : 일, 출퇴근, 공부, 가사 등

❖ 여가 생활시간 : 미디어 사용, 취미, 교제 활동, 스포츠 등

이 중 약 11시간 33분의 필수 생활시간이다. 즉 잠자고 밥 먹고 화장실 가는 등의 시간인데, 우리가 관리할 수 없는 시간이다. 나머지 의무 생활시간과 여가 생활시간만 관리할 수 있다. 다시 말해, 하루 24시간 중 관리 할 수 있는 시간은 약 12.5시간뿐이다. 12.5시간을 30분 단위로 기록하는 것은 크게 어려운 일은 아닐 것이다.

먼저 고정된 시간을 기록해보자. 플래너를 사용하는 사람들이 가장 많이 불평하는 문제 중 하나는 날마다 해야 하는 일을 날마다 플래너에 옮겨 적는 게 힘들다는 것이다. 이런 일은 굳이 반복해서 쓸 필요 없이, 따로 일간 체크리스트를 만들어 관리하면 편하다. 그러기 위해서 고정된 일과 그에 필요한 시간을 기록할 필요가 있다. 고정 시간을 알아야 나머지 시간을 더 효과적으로 관리할

수 있다.

　나의 경우 직장 생활을 하는 10년 동안 매주 업무 일지를 작성했다. 평소에 플래너나 아웃룩을 이용해서 시간대별로 진행한 업무를 기록해놓았기 때문에, 업무일지를 작성하는 데 많은 시간이 걸리지 않았다. 팀장과 본부장으로 일하면서 직원들에게도 업무일지 작성을 지시해보면 형식적으로 제출하거나 작성하는 데 불필요한 시간을 쓰는 직원이 여럿 있었다. 날마다 업무를 진행하면서 틈틈이 기록만 해놓아도 일주일 동안 진행한 업무를 쉽게 파악할 수 있을 텐데 말이다.

우선 순위	일간	시간	우선 순위	일간	시간	우선 순위	일간	시간

업무 소요 시간 파악하기

고정된 시간 이외에도, 매시간 진행한 업무를 기록하자. 업무별로 소요된 시간을 기록하면 자신의 업무에 대해 객관적으로 파악할 수 있다. 시간 가계부를 작성하다보면, 여러 가지 일을 한꺼번에 처리하느라 정작 하루에 한 가지 일도 제대로 끝내지 못한 것을 알 수 있다. 이를 통해 업무에 집중하는 것이 가장 중요하다는 사실을 스스로 배울 수 있다. 또한 업무마다 어느 정도 시간이 소요되는지 파악할 수 있어 향후 계획을 세울 때 정확한 예측이 가능하다.

시간을 기록할 때는 현재 사용하고 있는 다이어리에 기록하는 것도 좋고, 네이버, 구글, 다음에서 제공하는 캘린더 서비스나, 아웃룩 프로그램을 사용해도 좋다. 스마트폰을 사용한다면 다양한 시간 기록 어플이 있다. 다만 시간 사용 통계를 집계할 수 있는 도구를 사용하는 것이 좋다.

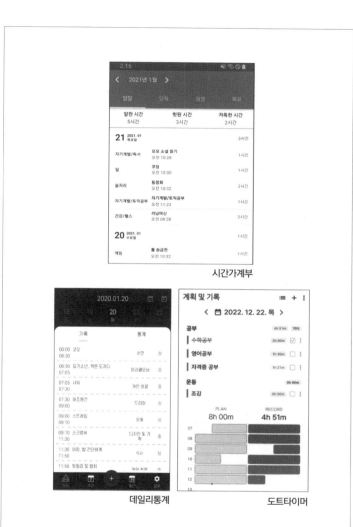

시간가계부

데일리통계

도트타이머

시간정리 도구

시간 조망

시간정리에서 '시간 조망Time Perspective'이라는 단어를 사용하는데, 이는 시간을 얼마나 넓은 안목으로 바라보느냐를 뜻한다. 보통은 하루에 할 일 정도밖에 계획하지 못해 시야가 좁다. 하지만 일주일 단위로 시간을 기록하고 정리하는 습관을 들이다보면 시간 조망의 기간이 일주일로 늘어난다. 궁극적으로 시간 조망은 인생 전체를 바라볼 수 있어야 한다. 자신의 일생을 멋지게 만들기 위해 10년 내로, 1년 내로, 한 달 내로, 일주일 내로, 오늘 내로 이루어야 할 일, 그리고 지금 30분 내로 해야 할 일이 차곡차곡 정리되어 있어야 하는 것이다. 이는 하루아침에 되는 것은 아니지만, 최소 30분 단위로 시간을 기록하며 이를 일주일 사이클로 반복하는 것을 습관화하면, 점점 시간 조망이 넓고 깊어지는 것을 발견하게 될 것이다.

오늘 하루 동안의 시간 가계부를 작성해보자.

타임이즈머니	20 년 월 일 요일	유형 분류										평가		
시간가계부 24시간 | 전반부															
시간	활동	1	2	3	4	5	6	7	8	9	10	A	B	C
6:00 AM														
6:15 AM														
6:30 AM														
6:45 AM														
7:00 AM														
7:15 AM														
7:30 AM														
7:45 AM														
8:00 AM														
8:15 AM														
8:30 AM														
8:45 AM														
9:00 AM														
9:15 AM														
9:30 AM														
9:45 AM														
10:00 AM														
10:15 AM														
10:30 AM														
10:45 AM														
11:00 AM														
11:15 AM														
11:30 AM														
11:45 AM														
12:00 PM														
12:15 PM														
12:30 PM														
12:45 PM														
1:00 PM														
1:15 PM														
1:30 PM														
1:45 PM														
2:00 PM														
2:15 PM														
2:30 PM														
2:45 PM														
3:00 PM														
3:15 PM														
3:30 PM														
3:45 PM														
4:00 PM														
4:15 PM														
4:30 PM														
4:45 PM														
5:00 PM														
5:15 PM														
5:30 PM														
5:45 PM														

시간가계부

할 일과 하지 않을 일을 정하라

서비스업을 하는 Y원장님의 가장 큰 고민은, 하루 시간의 대부분을 사람 만나는 일에 사용하는 것이었다. 현재 사업을 제대로 관리하고 새로운 지점을 늘려나가기 위해서는 경영을 고민할 시간이 필요한데, 늘 약속도 없이 방문하는 손님들과 직원들을 상대하느라 하루가 다 지나가곤 했다. 퇴근 시간이 다 돼서 보면, 며칠 이상 미뤄온 중요한 일은 또 시작도 못 했다. 업무 목록을 보면 날마다 한숨만 나왔다.

시간을 정리할 때 중요한 것은 우선순위를 정하는 것과 스케줄링이다. 미팅과 경영 업무 중 우선순위를 정한다면 당연히 경영 업무가 우선시 되어야 했다. 나는 우선 현재 하는 일을 파악할 수 있게 도왔다. 일의 우선순위와 목표를 직접 써 내려가는 과정에서 원장님은 스스로 불필요한 미팅을 정리해야 할 필요성을 절실히 느꼈다.

나는 원장님에게 주 단위로 정기적인 업무 처리 시간을 갖도록 제안했다. 이 시간에는 고객이나 직원이 면담을 요청해도 급한 일이 아니라면 다른 때로 스케줄을 잡고 업무를 먼저 보기로 정했다. 나머지 시간에 손님과 직원들을 면담하는 시간표를 짜드렸고,

정해진 계획대로 시간을 보낼 수 있도록 안내했다. 이렇게 일에 우선순위를 정하고 스케줄을 잡는 것만으로도 Y원장님이 겪고 있던 엄청난 스트레스가 해결되었다.

어찌 보면 이상한 말로 들리겠지만, 일하는 것보다 어떻게 일할 것인지 계획을 세우는 것이 훨씬 더 중요하기도 하다. 27세에 백만장자가 된 것으로 유명한 폴 J. 마이어Paul J. Meyer는 이렇게 말했다. "계획을 수립하는 것은 성공과 실패의 분기점이다. 왜냐하면 계획할 때 생각을 확실히 하게 되고, 확실한 생각은 행동에 채찍질을 하기 때문이다. 명확한 계획은 명확한 결과를 낳는다. 그러나 불명확한 계획이 불명확한 결과를 낳는 것은 아니요, 아무런 결과도 낳지 못한다."

Y원장님 역시 경영 업무를 위한 스케줄을 정하자 이를 드디어 이룰 수 있다. 구체적이고 실행할 수 있는 계획을 하는 것만으로도 성공 가능성이 커진다. 시간관리 전문가들은 하루 1퍼센트, 약 15분의 시간을 계획 세우는 데 투자하면 99퍼센트의 시간을 관리할 수 있다고 말한다. 일단 계획이 세워지면 나머지 시간은 주도적으로 컨트롤할 수 있다.

방해를 차단하라

먼저 오늘 할 일 중에서 불필요한 일을 제거해보자. 불필요한 일은 두 가지가 있는데, '방해'와 '효과적이지 않은 일'이다. 일에 집중하기 어려운 가장 큰 이유는, 받기 싫은 전화나 갑작스러운 부탁 등 방해를 받기 때문이다. 아침에 예측하지 못했던 일이 생기면, 하루 계획이 다 틀어지기도 한다. 방해를 통제해야 집중하는 시간을 만들 수 있다. 물론 방해를 전혀 받지 않는 방법은 없다. 스스로 최대한 방해를 제거해야만 한다. 연습만 하면 이는 가능하다. 어떻게 하면 될까?

주로 언제, 어떻게 방해를 받는지 생각해보자. 주로 오후에 전화가 많이 걸려 와서 업무하기가 힘들다면, 중요한 업무는 오전에 몰아서 하고 그 시간 동안은 회의 등의 스케줄을 잡지 않도록 해보자. 스스로 업무 집중 시간을 만드는 것이다. 하이럼 스미스Hyrum Smith도 '시간 도둑' 중 하나인 방해에 대해 언급하면서, 불필요한 중단은 최대한 빨리 피하거나 끝내야 한다고 말했다. 예를 들면, 동료와 잡담이나 광고 전화 등이다.

시의적절하지 못한 중단은 적절한 때를 알린다. Y원장님의 사례에 나온 직원들의 미팅 요청이나, 동료의 도움 요청에 적절한 스케줄을 알려주게 한 것처럼 말이다. 그러나 거래처의 전화 요청과 같은 중요하고 시급한 일은 미루는 것보다 바로 처리하는 게 더 현명하다.

'효과적이지 않은 일'은 자신의 목표와 가치에 비추어 판단해 볼 수 있다. Y원장님의 경우 경영자라는 역할에서 새로운 지점을 내는 것이 목표였기 때문에 직원 교육 업무는 효과적이지 않은 일로 분류할 수 있었고, 다른 직원에게 이 일을 위임한 후 더 많은 시간을 경영 업무에 집중할 수 있었다. 우리가 늘 습관적으로 사용하는 자원인 시간을 정리할 때는 효과성에 초점을 맞추어야 한다.

자신을 위한 시간을 마련하라

불필요한 일을 제거했다면, 남은 일 중에서 우선순위를 정하자. 피터 드러커는 《결과를 위한 경영》에서 우선순위 결정을 위한 몇 가지 원칙을 말하면서 "이 원칙들은 모두 분석이 아닌 용기와 관련된 것들"이라고 강조했다.

첫째, 과거가 아닌 미래를 선택할 것

둘째, 문제가 아니라 기회에 초점을 맞출 것

셋째, 평범성이 아닌 독자성을 가질 것

넷째, 무난하며 쉬운 것이 아니라 변혁을 가져다주는 것

우선순위를 정할 때 자신을 위한 시간 투자도 염두에 두는 것이 중요하다. 하루 최소 두 시간은 자신의 더 나은 모습을 위한 시간으로 마련하자. 세계적인 동기부여가 스티븐 코비 박사도 《성공하는 사람들의 7가지 습관》에서 마지막 일곱 번째 습관을 '심신을 단련하라.'로 잡았다. 그가 성공한 사람들의 공통점을 조사한 결과, 하루 두 시간은 신체적, 정신적, 사회적, 영적으로 감정적인 균형을 유지하기 위해 투자한다고 한다.

❖ 신체적 건강 : 운동, 영양, 스트레스 관리

❖ 정신적 건강 : 독서, 글쓰기

❖ 사회적 건강 : 인간관계 개선 활동, 봉사와 공헌, 사회 질서를 위한 양보와 친절

❖ 영적 건강 : 종교 활동, 자연에서 보내는 시간, 명상

심신을 단련하는 것은 무뎌진 도끼날을 가는 것과 같다. 나무 꾼이 종일 나무를 자르기만 한다면 칼날은 곧 예리함을 잃게 되고 오히려 노동에 비해 성과를 거두지 못할 것이다. 나의 업무 중에서 효과적인 일과 효과적이지 않은 일의 목록을 작성해보자.

시간정리 3단계
; 시간정리 습관을 만들어라

《무조건 행복할 것》의 저자 그레첸 루빈이 자신의 행복을 가로막는 것, 즉 미루는 습관을 바꾼 비결은 날마다 사소한 원칙 두 가지를 지킨 덕분이었다. 그 원칙은 바로 '주어진 일을 1분 이내 끝낼 수 있다면 절대 미루지 않는 것, 매일 잠들기 전 10분은 정리 정돈하는 시간을 가지는 것'이다. 몇 분 되지 않는 시간을 이용해 새로운 습관을 만들어냄으로써 행복한 하루를 만들어낸 것이다.

시간을 정리하기 위해서 꼭 필요한 것은 '습관'을 바꾸는 것이다. 시간을 파악하고 계획하는 것을 아무리 잘해놓아도 몸에 익지 않으면 아무 소용이 없다. 꼭 바꿔야 할 시간 관련 습관에는 다음과 같은 것들이 있다. 현재 내가 가진 습관 중 바꿔야 할 습관이 무엇인지 생각해보자.

❖ 해야 할 일을 내일로 미루는 습관

❖ 지금 하는 일에 집중하지 못하는 습관

❖ 여러 가지 일을 한꺼번에 처리하는 습관

❖ 멍 때리는 습관

사실 나쁜 습관은 없애기가 매우 어렵다. 습관이란 걸음걸이나 말투처럼 뇌에 뿌리 깊게 자리 잡혀 반사적으로 나오는 행동이기 때문이다. 나쁜 습관을 없애기보다 그것을 대체할 수 있는 좋은 습관을 만드는 것이 더 나을 수도 있다. 자신이 생각하는 나쁜 습관과 반대되는, 시간 효율을 높일 수 있는 습관을 3가지 정도 정하여 훈련해보자. 예를 들면, 아침 일찍 일어나는 습관을 들이면 밤늦게 술을 마시지 않게 된다. 술을 끊겠다는 목표보다는 아침에 일찍 일어나자는 긍정적인 목표가 심리적으로 더 강하게 동기부여를 해준다. 그뿐만 아니라 좋은 습관이 새로 생기면, 다른 여러 개의 좋은 습관들을 파생시키기도 한다. 아침에 남는 시간에 책을 읽거나 운동하는 습관이 저절로 생기는 것이다.

습관 하나가 몸에 배는 데는 일정 시간이 필요하다. 전문가들에 의하면 새로운 회로가 만들어지는 데는 3주가 걸리고, 반사적으로 행동하는 데는 66일, 완전히 자신의 습관으로 만드는 데는 100일 정도의 시간이 걸린다고 한다. '하루에 30분만 더 일찍 일어나보기', '1시간 일찍 자기' 등 가벼운 것부터 하나씩 딱 100일 동안만 노력해보라.

집중하는 습관을 길러주는 타이머

지식 근로자들은 시간에 쫓기며 다양한 일을 처리하기 위해 멀티태스킹으로 일한다. 전화를 받으면서 손으로는 자판을 치거나, 밥을 먹으면서 회의 준비를 한다. 하지만 생산성 전문가들은 멀티태스킹이야말로 시간과 돈을 낭비하는 최악의 업무방식이 될 수 있다고 말한다. 물론 한 번에 많은 일을 할 수는 있을 것이다. 하지만 전체적으로 보았을 때 한 가지 일에 집중하지 못해 더 많은 시간이 소요되거나 투입한 시간에 비해 업무 성과가 매우 낮아질 수 있다. 미국에서만 이렇게 허비된 시간과 비용을 계산하니 1년에 약 65억 달러였다고 한다.

집중력을 높이는 좋은 방법으로 포모도로 테크닉Pomodoro Technique을 추천한다. 포모도로 테크닉은 1980년대 후반에 프란시스코 시릴로Francesco Cirillo에 의해 개발된 시간정리 방법이다. 25분 동안 지금 하는 일에만 집중하고, 5분 동안 온전히 쉬고, 다시 25분 동안 한 가지 일에만 집중하는 것이다.

1. 아침에 타이머를 15분에 맞춘다. 오늘까지 마쳐야 하는 일을 모두 적은 뒤, 우선순위대로 정렬해본다.

2. 타이머를 25분에 맞추어 놓는다. 25분간 한 가지 일에 집중한다. 타이머가 돌아가는 동안 새로운 일을 시작하거나, 하던 일을 중단하지 않는다.

3. 타이머가 울리면, 5분간 휴식한다. 가급적 자리에 앉아 게임이나 인터넷 검색이 아닌 가볍게 걷거나 머리를 식히는 활동을 한다.

4. 휴식이 끝나면 다시 25분간 일한다. 타이머 3~4회 정도 돌리고 나면 뇌의 피로를 줄이기 위해 30분 정도 휴식시간을 갖는다.

단순한 방법인 만큼 별다른 지식이나 훈련 없이도 당장 시작할 수 있다. 25분간 단 하나의 일만 하는 습관을 들이기 때문에 자연스레 집중력이 길러진다. 또한 미루기 습관을 극복할 수 있다. 미루기 습관이 있으면 일을 시작하지 못하고 걱정만 하는 것이 큰 문제인데, 일단 타이머를 돌리고 나면 어쨌든 시작할 수 있다. 그리고 시작하고 나면, 사실 별일 아니었다는 것을 알게 되어 업무 스트레스가 크게 줄어든다. 또한 의외로 얻게 되는 효과는 평소보다 훨씬 푹 쉴 수 있다는 점이다. 평소 멀티태스킹을 자주 하던 사람이라면 늘 쉬어도 쉰 것 같지 않고 일해도 일한 것 같지 않던 복잡한 상태를 해결할 수 있다.

덧붙여 하나 더 얻게 되는 효과는 계획, 실행, 평가의 3단계가 이루어진다는 점이다. 날마다 할 일을 적고, 한 일은 지워나가면서 저절로 이 3단계가 실천된다. 오래 걸리는 일의 경우 몇 포모도로 동안 했는지 기록할 수 있는데, 예를 들어, 마케팅 보고서 작성에 세 번의 포모도로가 들었다고 기록하면, 25분씩 세 번이니 총 75분이 소요된 것으로 파악할 수 있다. 이런 기록이 여러 번 쌓이게 되면 얼마 후에는 마케팅 보고서를 작성할 일이 생길 때 75분을 예측하고 스케줄을 잡을 수 있다.

실수 일기를 쓰는 시간 15분

저녁 시간 15분은 짧은 일기를 통해 하루 동안 일어난 일을 정리하며 기억하고 싶은 일과 반성하고 싶은 일을 기록해보자. 나는 '실수 일기'를 적어보는 것을 제안한다. 아일랜드의 매니지먼트 학교에서 시간 관리를 포함한 관리 훈련 프로그램을 운영하고 있는 톰 맥코널로그Tom McConalogue는 "성공을 분석하면 성공이 당신을 분석하고, 실패를 분석하면 성공이 당신을 찾아올 것이다."라고 했다.

오늘 하루 일어난 일 중 한 가지를 반성해보자. 하려고 했던 업무나 진행한 일 가운데 저지른 실수나, 원하던 목표대로의 성과를 내지 못한 일을 적어보자. 꾸준히 기록하다 보면 스스로 자신의 문제를 개선해나가는 모습을 발견하게 될 것이다.

'성공 일기'를 써보는 방법도 좋다. 성공 일기란 잠자리에 들기 전 다음의 세 가지를 적는 것이다. 첫 번째는 '자신이 성공할 수밖에 없는 이유' 한 가지다. 날마다 이를 적다 보면 자신에 대한 신뢰와 자신감을 높이게 된다. 두 번째는 그날 '잘한 일' 하나를 적는 것이다. 스스로 칭찬하면서 위안을 얻고, 자신의 강점을 재발견할 수 있게 된다. 세 번째는 '개선할 것' 한 가지를 적는 것이다. 자신을 더

계발할 수 있고 겸손함을 배울 수 있다. 인터넷에서 '성공 일기'로 검색해보면 날마다 함께 성공 일기를 써나가는 커뮤니티도 있어서 습관으로 익히는 데 도움을 받을 수 있다.

자투리 시간 5분의 힘

5분이라는 시간을 관리하지 못한다면, 하루 24시간도 관리하기 어렵다. 반대로 5분을 관리할 줄 알게 되면, 더 이상 시간 속에서 허우적대지 않고 하루 24시간을 구체적으로 관리할 수 있다.

자투리 시간을 정리하지 못하는 사람들의 특징 중 가장 큰 것은, 자투리 시간을 시간이라고 생각하지 못한다는 것이다. 의식하지는 않지만 1시간 이상만 시간이고, 5~10분은 그냥 버려도 아깝지 않다고 생각한다. 이런 경우 갑자기 자투리 시간이 생기면 휴대폰을 키고 영상을 보거나 게임하면서 이게 바로 자투리 시간 활용이라고 안일하게 생각한다.

먼저 타이머로 5분을 재보자. 학창 시절 쉬는 시간이 기억나는가? 10분 동안 매점까지 뛰어가서 빵을 사 먹으며 친구와 수다도 떨고, 오는 길에 옆 반 친구에게 교과서를 빌린 뒤, 화장실까지 다녀올 수 있었다. 5분은 결코 짧은 시간이 아니다. 대부분 5분 정도는 별생각 없이 낭비한다. 5분이라는 시간의 가치를 잘 모르는 것이다. 5분의 가치를 알고 싶다면 5분간 타이머를 맞춘 뒤, 아무것도 하지 않고 기다려보자. 5분이 너무나 지루하고 길게 느껴질 것이다. 5분은 그만큼 긴 시간이다.

그리고 자투리 시간을 기록해보자. 어떤 때 자투리 시간이 생기는가? 몇 분 정도의 시간이 나는지도 함께 적어보자. 출퇴근 시간 지하철에서 30분, 아침 출근 후 10분, 약속 시간에 친구가 늦을 때 15분 등 한번 생각나는 대로 적어보기만 해도 다음에 그 상황이 되었을 때 '자투리 시간이 생겼구나'라는 인식과 함께 그 시간을 가치 있게 활용해야겠다는 의식이 생긴다.

자투리 시간에 할 일 목록을 미리 적어보자. 자투리 시간을 잘 활용하는 사람에게는 자투리 시간용 할 일 목록이 있다. 고등학교 교사로 일하며 자격증을 60개 이상 보유해 한국 기네스북에도 올랐다는 소병량 씨는 쉬는 시간을 이용해 자격증 공부를 한다. 쉬는 시간 10분마다 약 5쪽의 자격증 서적을 공부할 수 있고, 하루면 35장, 1년이면 만 장이 넘게 공부할 수 있다는 계산이 나온다.

나는 지하철 문이 열리면 계단을 올라가면서 목적지에 도착할 때까지 약 5분간 소중한 사람에게 전화한다. 5분씩 두 번, 즉 하루에 10분만 투자해도 한 달이면 60명에게 안부 전화를 할 수 있다. 또 자투리 시간은 좋은 글, 좋은 사진, 좋은 음악으로 충전하는 시간이 될 수 있다. 잠언집처럼 짧게 읽을 수 있는 책을 들고 다니면서 읽 거나, 의자에 앉아 있는 시간이 긴 직장인은 건강을 위해서라도 스 트레칭하기, 잠깐 일어나 걷기를 하며 에너지를 얻어 보자. 자투리 시간은 활용하기에 따라 죽은 시간이 될 수도, 황금 시간이 될 수도 있다.

시간정리 4단계
; 적절한 도구를 사용하라

이번에는 인간과 동물 사이의 가장 큰 차이점, 바로 도구 활용 능력에 주목하자. 시간도 도구를 활용하면 효과적으로 관리할 수 있다. 컴퓨터, 스마트폰 같은 디지털에서부터 고급 다이어리 같은 아날로그까지 참으로 다양한 시간 활용 도구가 있지만 남에게 좋다고 해서 나에게도 좋은 것은 아니다. 두산그룹 박용만 회장은 2분짜리와 5분짜리 모래시계 두 개로 의사 결정을 하기로 유명하다. 비싸고 복잡한 시스템보다 오히려 단순한 시스템이 자신에게 잘 맞는 훌륭한 시간 관리 시스템이 될 수 있다.

특별한 운동을 하지 않던 나는 문구점에서 2,000원짜리 만보기를 사서 '하루 만 보 걷기'를 시도하기로 했다. 매일 아침 출근하면서 만보기를 호주머니에 넣고 다녔는데 처음엔 수시로 쳐다보면서 몇 보를 걸었는지 확인했다. 그러나 하루 만 보를 걷는다는 게 생각만큼 쉽지 않았다. 며칠 동안 그렇게 다니니 만보기를 들여다보는 횟수는 줄어들었다. 그러던 어느 날 집 앞에 도착해서 만보기를 확인하니 놀랍게도 1만 300이라는 숫자가 찍혀 있었다. 특별히 많이 돌아다닌 것 같지 않은데 만 보 걷기를 달성하니 너무 기분이 좋았다. 만보기를 가지고 다니면서 크게 달라진 점은 그동안 단순히 이동이 목적이었던 걷기가 만보기 덕분에 하나의 운동이 되었다는 것이다.

이렇듯 도구는 사람의 행동뿐만 아니라 의식에도 변화를 줄 수 있다. 실제로 스탠퍼드대학교에서 연구한 결과, 만보기를 휴대하고 걷는 사람이 그냥 걷는 사람보다 하루 평균 2,000보나 더 걷고 혈압이나 체중도 낮았다. 만보기라는 단순한 도구를 사용하는 것만으로도 건강을 유지할 수 있다.

플래너

식당 아르바이트로 커리어를 시작해서 현재는 직원 3,000명을 거느린, 일본에서 가장 유명한 선술집 체인인 와타미의 CEO 와타나베 미키渡邊美樹는 《이틀도 못 가는 플래너는 찢어라》에서 자신이 꿈을 이룬 인상적인 방법을 소개했다.

날마다 하루를 시작할 때 포스트잇 한 장에 그날 꼭 실천할 것을 적어 거울, 책상 같은 눈에 보이는 곳에 붙이고 그 일을 끝내면 포스트잇을 떼어버렸다고 한다. 한 가지를 실천하는 게 제대로 이루어지면 두 개를 적어서 실천했고, 이렇게 해서 목표를 하나둘씩 이루어 가다 보니 수년 후 법인 20개를 거느린 CEO가 되었다. 직원들에게 교육할 때 그는 자신의 성공 경험을 이야기하면서 수첩에 해야 할 일들을 많이 적기보다는 한 개씩만 적고 꼭 실천할 것을 당부한다. 이렇게 해야 성취의 에너지를 얻게 된다고 말이다.

프랭클린플래너코리아에서 근무하면서 플래너를 사용하다 포기하는 분들을 자주 만났다. 그분들은 공통적으로 '메모하는 습관'이 없었다. 메모 습관이 없는 편이라면, 새 노트를 사기보다는 기존에 사용 중인 노트에 날마다 한 문장 정도씩이라도 일기를 써보자.

몇 년 전 여자 월드컵 축구 대회에서 최우수 선수와 득점왕으로 뽑힌 스트라이커 여민지 선수의 일기장이 언론에 공개되어 화제가 된 적이 있다. 초등학교 4학년부터 7년 동안 날마다 일기를 쓰면서 자신의 훈련 방법과 느낀 점을 기록한 것이 최고의 선수를 만들어 준 강력한 도구가 되었다고 한다.

세계에서 가장 영향력 있는 여성 리더인 오프라 윈프리Oprah Winfrey도 방송사와의 인터뷰에서 '하루도 빠지지 않고 일기를 쓰는 것'이 자신의 성공 비결이라고 말했다. 일기는 시간을 관리해줄 뿐만 아니라, 긍정적인 자신감을 만들어 자기 주도성을 향상하는 데 가장 효과적인 방법이다.

체크리스트

세상에는 세 가지 문제가 있다. 어려운 일, 복잡한 일, 복합적인 일이다. 점심 메뉴 선택에서부터 아이를 키우는 일에 이르기까지 이러한 문제들을 해결할 수 있는 가장 좋은 방법은 체크리스트를 작성해보는 것이다.

《체크! 체크리스트》의 저자 아툴 가완디Atul Gawande는 미국의

외과 의사다. 자신이 근무하고 있는 병원에서 의료사고가 발생하여 문제를 파악해보니, 수술할 때 소독하는 것을 깜빡하거나 준비물을 준비하지 않았기 때문이었다. 그때부터 수술실 체크리스트를 만들어 의사, 간호사, 간호조무사들이 제대로 지키게 했더니 놀랍게도 의료 사고율이 줄어들었다고 한다. 오늘날 전 세계 모든 병원에서는 체크리스트가 쓰이고 있고, 이것을 통해 줄어든 의료사고율이 30퍼센트고, 감소한 환자 사망률이 47퍼센트라고 한다. 이 체크리스트는 병원뿐만 아니라 공사 현장이나 항공기에서 사고가 발생할 때도 쓰이고 있다.

일반인들도 마찬가지다. 특히 결혼이나 임신 등 생애 처음으로 겪게 되는 복합적인 문제는 체크리스트를 공유하면 종이 한 장으로 몇 개월이 걸릴 준비를 더 쉽게 할 수 있다. 누구나 어렵고 복잡하고 복합적이라고 할 수 있는 일도 체크리스트를 만들어보면 쉽다고 느낄 것이다.

이런 체크리스트를 자신만의 고유한 업무에도 도입해보자. 기획서에 꼭 들어가야 할 사항 체크리스트, 사내 행사 준비 체크리스트, 퇴근 전 체크리스트 등 반복적으로 신경 쓰던 일을 체크리스트로 만들면 생각을 복잡하게 할 일도 없어지고, 빠진 것 없이 준비할 수 있게 된다.

그 밖의 시간정리 도구들

앞서 설명한 뽀모도로 테크닉에서는 주방용 타이머가 강력한 시간정리 도구라고 말한다. 이 도구의 특징은 타이머를 돌리는 행위가 업무를 준비에 도움을 준다는 점, 그리고 째깍거리는 소리가 난다는 점이다. 처음에는 그 소리가 거슬리지만, 일단 적용하면 연상 작용 때문에 째깍거리는 소리만 들어도 자동으로 집중하게 된다. 이 외에도 포스트잇, 탁상달력, 스마트워치의 알림기능 등을 이용해 시간을 정리해볼 수 있다. 이럴 땐 오히려 단순하고, 아날로그 방식으로 만들어진 도구가 더 유용하다. 중요한 것은 자신에게 맞는 도구를 이용해 자신만의 시스템을 만드는 것이다.

&Check List

관계정리력 점검하기	Y	N
평생을 함께하고 싶은 소중한 친구를 꼽기 어렵다.		
주변에 있는 사람들 때문에 스트레스를 자주 받는 편이다.		
만나고 싶은 사람의 이름이나 특징이 구체적이지 않다.		
자기계발을 위해 정기적으로 나가는 모임이 없다.		
일로 만나는 사람에게 미팅 후 전화, 이메일, 문자로 연락하지 않는다.		
"지금 명함이 떨어져서"라고 말한 적이 여러 번 있다.		
경조사가 생기면 몇 명이나 와줄지 솔직히 걱정이다.		
명함을 받으면 아무 데나 둔다.		
차라리 혼자 일하는 게 제일 속 편하다.		
친했지만 오랫동안 연락 못한 친구가 있다.		
혼자라고 느낄 때가 종종 있다.		
함께 일하는 사람들과 자주 다투는 편이다.		
이직할 때 도움받을 사람이 아무도 없다.		
SNS는 귀찮아서 할 생각이 없다.		
종종 사람들이 나와 말하는 걸 재미없어하는 것 같다.		

12개 이상 : 바쁘고 여유 없는 삶 속에서 인간관계까지 돌봐야 한다니, 여간 쉽지 않지요. '빨리 가려면 혼자 가고, 멀리 가려면 함께 가라.'라는 아프리카 속담처럼 인생이라는 여행을 함께 떠날 수 있는 동반자를 찾아보세요. 무엇인가 바라기보다 주는 게 먼저라는 점을 기억하세요.

8개 미만 : 인생을 살면서 가장 행복했던 시간을 떠올려보세요. 아마 혼자가 아니라 사람들과 함께 했던 시간이 많을 것입니다. 다시 한 번 만나 추억을 공감하고 싶은 친구, 일 때문에 만난 사람 중 꼭 연락해야지 했던 사람들이 기억나면 하루에 한 명씩이라도 연락해보세요.

3개 미만 : 평소에 인간관계의 소중함을 잘 알고 계시네요. 지금까지 해왔던 것보다 자신의 가치를 높이면 더 많은 사람들에게 좋은 사람으로 기억될 것입니다.

〈7장〉

관계정리

"젊었을 때는 돈을 빌려서라도 훌륭한 인맥을 만들어야 한다. 물은 어떤 그릇에 담느냐에 따라 모양이 달라지지만 사람은 어떤 친구를 사귀느냐에 따라 미래가 달라진다."

전 아사히 맥주 회장 히구치 히로타로口廣太郎의 말이다. '관계정리'라고 하면 막연히 부담스럽고 가식적인 일이라고 생각하는 사람들이 많지만, 친구나 가족과 잘 지내는 것도 관계정리의 중요한 부분이다. 관계정리란 좋아하는 사람과 좋은 관계를 유지하는 것이라고도 말할 수 있다. 이런 인간관계 역시 정리라는 관점에서 보면 어렵지 않다. 사람과 잘 지낼 수 있는 정리의 힘에 대해 알아보자.

예전 직장에서 같이 일했던 C양이 갑자기 저녁 식사를 사겠다고 연락해왔다. 한 번도 이렇게 식사해본 적이 없던 터라 심각한 일이 생겼구나 예상만 할 뿐이었다. 만나서 무슨 일인지 물어보니 3년간 다녔던 직장에 새로 팀장이 들어왔는데 너무 안 맞아서 다른 회사로 이직하고 싶다는 것이었다. 대기업을 제외한 70퍼센트 이상의 기업에서 경력직은 주로 사내 추천을 통해 채용하고 있는 터라, 혹시 원하는 분야에 아는 인맥이 있냐고 물어보았다.

C양은 갑자기 고개를 숙이면서 "저 인생 잘못 살았나 봐요……" 하며 풀죽은 목소리로 말했다. 그녀는 이직이 무척 하고 싶었지만, 어째야 좋을지 몰라 전화번호부를 아무리 뒤져봐도 도움을 받을 만한 사람이 별로 없다고 했다. 업무적으로 친한 사람은 지금의 회사 동료들뿐이고, 그 외에는 가족과 고등학교 동창들뿐이었다. 자주 연락하는 고등학교 동창들 가운데 몇은 아이를 키우느라 휴직 중이고, 나머지는 대학원 공부와 공무원 시험 준비로 바빴다. 인간관계가 중요하다는 이야기를 듣긴 했지만, 정말 이렇게 중요한 줄은 몰랐다고 했다.

관계정리를 못 하는 사람 vs
잘하는 사람

많은 사람들이 관계정리를 시작하기 어려워하는 이유가, '관계를 정리한다'라고 하면 너무 계산적으로 보이기 때문이다. '관계정리'라고 하면 일반적으로 영업사원의 일 같은 이미지, 몇백 명의 사람과 알고 지내야 할 것 같은 이미지 등을 떠올린다. 또한 "지금도 잘 사는데 굳이 관계정리가 필요할까?"라는 반문이 드는 사람도 많을 것이다.

세계적인 경영컨설턴트 브라이언 트레이시Brian Tracy는 "인생에서 성취하는 것의 대부분은 내가 아는 사람과 나를 아는 사람에 의해 결정된다."라고 했다. 현재 사업을 하거나 영업을 하지 않더라도 함께 지내는 사람이라는 존재가 중요하다는 말이다. 회계직 등

영업과 관련 없는 일반 사무직 직장인은 관계정리가 필요 없을 것 같지만, 새로운 일을 맡게 되거나 사내 문제들을 해결할 때 경험이 있는 사람에게 조언을 얻을 수 있다는 것만으로도 업무 스트레스를 해결할 수 있다.

2019년 온라인 취업포털 사이트 잡코리아와 알바몬에서 실시한 설문조사에 따르면, 직장인 73.6퍼센트가 업무 문제보다도 인간관계 때문에 스트레스를 받는다고 한다. 2020년 벼룩시장이 직장인 대상으로 1,225명을 대상으로 '직장인과 스트레스'에 대해 조사했다. 그 결과 86.7퍼센트가 직장생활을 하면서 스트레스를 받은 적이 있고, 스트레스의 주된 원인이 상사와 동료와의 인간관계가 25.2퍼센트라고 답했다. 직장에서 업무상 다른 사람의 도움이 필요할 때 생각보다 주변 인맥이 부실하면, 그제야 심각하게 인맥에 대해 고민하기 시작한다. 평소 관계정리가 필요한 이유는 사람 관계라는 것이 그만큼 한순간 커다란 스트레스가 될 수 있기 때문이다. 정리를 못 하면 스트레스가 되지만, 정리를 잘하면 그 어떤 정리보다도 큰 기회를 만들어주는 것이 인맥이다.

국책연구기관인 한국개발연구원(KDI)에서 2011년 11월 14일 발표한 '인적 네트워크의 노동시장 효과분석' 보고서에 따르면, 2003~2007년 일자리를 구한 사람 중 56.5퍼센트가 관계를 통해서

였다고 한다. 결국 관계는 삶에 있어서 주요한 성공의 요소라고 말할 수 있다. 멋진 인맥을 가지고 있으면 내 가치가 높아지는 게 사실이다. 〈동아일보〉의 조사에 의하면, 서울대 MBA 과정을 졸업한 사람들에게 가장 크게 얻은 것을 물었더니, 33.3퍼센트가 관계 형성이라고 대답했다고 한다. 사실상 해외 MBA는 전문 지식보다도 글로벌한 인맥을 얻기 위해 수강하는 경우가 더 많을 정도다.

이처럼 관계는 인생을 살아가면서 자신의 부족함을 채워줄 뿐 아니라 취업, 이직이나 결혼 같은 인생의 중대한 이벤트를 위해서도 꼭 필요한 자원이다. 관계를 정리해서 얻을 수 있는 가장 큰 효과는 무엇보다 사람들로 인해서 받을 수 있는 '긍정적인 에너지'다.

그렇다면 관계정리를 잘하는 사람들은 어떤 특징을 가지고 있는지 살펴보자. 관계정리를 잘한다는 것은, 무조건 많은 사람을 알고 있는 것이 아니다. 내가 필요한 사람을 알고 있는가, 나를 필요로 하는 사람이 있는가가 중요하다. 즉 인간관계로 인해 기회를 얻고, 행복을 얻고 있느냐의 문제가 중요한 것이다. 관계정리를 잘하기로 유명한 스타벅스의 전 회장 하워드 슐츠Howard Schultz는 매일 점심시간마다 새로운 사람들과 식사하는 습관이 있다. 주로 직원들과 함께 식사하면서 인간 중심 경영을 실천하고 있다고 한다. 도널드 트럼프Donald Trump 또한 경영자일 때 자신이 관리해야 할 사람들을 미리 정해놓고 점심시간에 비정기적으로 안부 전화를 걸거나 미팅 시간을 가졌다. 더 예전으로 거슬러 올라가서 철강왕 앤드루 카네기Andrew Carnegie 또한 날마다 하루를 시작할 때 누구를 만날지에 대한 계획을 세웠다.

관계정리 역시 어렵지 않다. 인맥에 대한 계획을 세우고 실천하면 되는 것이다. 멋진 인맥을 갖기 위해 화려한 경력이나 멋진 말솜씨가 꼭 필요한 것은 아니다. 하지만 한 가지 유의해야 할 것이 있다. 바로 지속적으로 새로운 사람을 만나야 한다는 것이다. 세계적인 CEO들 역시 사람을 만나는 계획까지 꼭 세우는 이유는, 인간 본성상 소속감이나 동질감을 느낄 수 있는 사람들과 계속 함께하려는 성향이 있기 때문이다. 관계정리를 잘하는 사람이 되려면 알던 사람들만 만나면 안 된다. 늘 함께 지내는 사람보다 새로운 사람들을 만나자. 새로운 사람을 만나야 또 다른 사람을 만날 수 있고, 그렇게 해야 나의 세계가 넓어진다. 인생의 행복은 그 무엇보다도 가족과 친구를 포함한 인간관계, 즉 인맥에 있다.

관계정리 1단계
; 현재의 관계를 정리하라

지금 내가 가진 관계를 정리하는 대표적인 방법은 연락처를 정리하는 것이 있다. 명함, 이메일 주소록, 휴대폰 주소록 등 가지고 있는 연락처를 모두 정리해보는 것이다. 종류는 조금씩 다르지만 결국 인맥을 정리한다는 점에서 이 정리법은 한 가지나 다름없다. 그중 직장인이 가장 활용하기 좋은 명함 정리 법을 통해서 현재의 관계를 정리하는 법을 살펴보겠다.

사용하라고 준 명함이다

명함 정리를 잘 못 하는 사람들에는 여러 가지 타입이 있다. 그중 하나는 열심히 뿌리고 열심히 모으는 타입이다. 이런 타입 대다수가 아무런 결과도 만들어내지 못한 채 명함만 수집한다. 받은 명함이 책상 위, 서랍 속, 다이어리 등 여기저기 흩어져 있다가 중요한 순간에 필요한 명함을 못 찾아서 난감해지는 경우도 있다. 또한 명함을 받았지만 한 번도 연락하지 않는 사람도 있다. 명함에 적힌 전화번호, 이메일, SNS는 단순한 글자라고만 생각하는 것일까? 관계는 디지털로 관리하는 거라고 큰소리 뻥뻥 치지만 1,000명이 넘는 주소록을 봐도 누군지도 모르는 이름이 대부분인 사람도 있다.

명함 정리가 잘 안되는 이유는 명함을 주고받는 것이 하나의 인사처럼 돼버렸기 때문이다. 심지어 사적인 자리에서도 명함을 들이미는 불상사가 벌어질 정도로 익숙해진 이 문화는, 명함의 중요성을 간과하게 한다. 하지만 만약 오랫동안 만나고 싶었던 롤 모델에게서 명함을 받으면 어떨까? 너무나 마음에 드는 이성에게 명함을 받았다면 어떨까? 그런 명함도 지갑 한쪽에 영수증과 함께 꽂아놓다가 잃어버리는 실수를 저지를 수 있을까? 명함을 잘 정리하기 위해서는 가장 먼저 명함 주인에 대한 애정과 관심을 갖는 것이 필요하다. 거꾸로 자신의 명함이 쓰레기통에 처박히거나 길거리에 떨어져 지나는 사람들의 발자국을 온몸으로 받아낸다고 상상해보라. 명함은 단지 종잇조각에 불과한 존재가 아니다.

고르고 버리고 보관하고

명함을 실제로 정리해보자. 먼저 명함첩, 서랍장 등에 보관 중인 명함을 모두 꺼내 크게 개인 생활과 업무 카테고리로 나눠보자. 개인생활 카테고리에는 가족, 친구, 선후배, 종교나 취미, 운동 활동으로 만나는 사람들이 들어갈 것이다. 업무 카테고리에는 과거의 일이나 직장, 혹은 현재의 일이나 직장에 관련된 사람이 들어갈 것이다. 다음은 필요와 불필요를 구분하자. 서로가 서로를 기억하고 있는가? 연락 가능한 번호인가? 아직도 그 직장에 다니는가? 나의 현재나 미래의 일과 관련이 있는가? 등 질문에 따라 필요한 명함을 골라보자.

그리고 이때 우선순위를 매겨보자. A 필수적인 관계, B 중요한 관계, C 선택적 관계 등 이런 식으로 순위를 매겨보는 것이다. 순위를 매긴다는 것은 현재 관계에 대한 파악과 동시에 관리를 가능하게 해준다.

두 번째 단계로는 버리기, 보관하기, 숙성하기를 구분하는 것이다. 불필요한 명함에 해당하는 것은 과감히 쓰레기통으로 보내자. 혹시 확인이 필요하거나 이래저래 망설여지는 명함이 있다면 따로 분류해 중간 지대에 모아둔다. 맛있는 김치도 숙성이 필요하듯 명함도 시간이 지나면 판단 기준이 명확해질 것이다.

세 번째 단계로는 자신에게 맞는 보관과 저장 시스템을 만들자. 요즘은 스마트폰으로 명함을 찍기만 해도 자동으로 인식하는 애플리케이션이 많이 있지만, 재입력이 필요한 경우가 많아 손이 더 간다. 어떤 사람은 명함을 스마트하게 관리한다고 폰으로 사진을 찍어서 보관하기도 한다. 하지만 명함이란 보존하기 위해 있는 물건이 아니다. 데이터는 마냥 쌓기만 하면 가치가 없어진다. 기술이 날로 발전해도 데이터는 일일이 확인하고 주기적으로 정리해야 함을 명심하자. 명함을 받으면 일주일 이내에 사용할 수 있는 데이터로 가공하여 정리하자. 모든 명함을 휴대폰이나 이메일 주소록에 입력하고, 스마트폰으로 연동하여 언제든 이메일이나 전화가 가능하도록 등록하자. 만난 사람의 특성에 맞게 그룹을 정하고,

메모란에 그 사람을 기억할 수 있는 기록을 남기는 게 좋다. 또한 SNS 주소를 입력하면 더 좋을 것이다. 다시 한 번 말하지만, 꼭 기억해야할 것은 명함은 보관하기 위해서 정리하는 것이 아니라, 사용하기 위해서 정리하는 것이라는 점이다.

　　네 번째 단계, 관계는 관리해야 내 것이 된다. 주소록에 입력한 후 종이 명함은 어떻게 해야 할까? 바로 도구를 활용해야 한다. 회전식 명함 정리함인 롤로덱스ROLODEX는 쉽게 넣고 뺄 수 있으며 인덱스가 있어 찾기도 쉽다. 물론 도구를 사용할 땐 원칙이 필요하다. 바로 150장의 명함만 정리하는 것이다. 문화인류학자 로빈 던바Robin Dunbar는 한 사람이 친분 관계를 유지할 수 있는 한계는 150명까지라고 한다. 정리함에 든 명함을 한 장씩 보며 그동안 소원한 이들에게 문자나 전화를 하면 된다. 새로운 명함 한 장을 추가해야 한다면 무조건 한 장을 빼자. 그래야 명함도 정리되고 관계도 정리된다.

창업을 준비하면서 직장생활 중 받아둔 수천 장의 명함을 정리한 적 있다. 휴대폰 살 때 받은 명함, 패밀리레스토랑이나 커피숍에서 가져온 명함 등, 왜 그리도 명함을 받아왔는지 모를 만큼 불필요한 명함이 많았다.

지인들을 제외하고 수천 장의 명함을 정리하면서 일하면서 만난 사람들의 명함 중 남겨진 것은 단 20장에 불과했다. 명함 정리를 한 이후부터 앞으로 사람들을 만나서 명함을 주고받을 때 나에게 정말 필요한 관계라면 미팅을 마친 후 일주일 이내에 전화, 문자, 이메일을 통해서 연락하는 습관을 갖게 되었다. SNS를 이용한다면 친구를 맺어 온라인을 통해서도 인맥을 관리할 수 있다.

관계정리 2단계
; 새로운 사람을 만나라

본격적으로 정리 사업을 시작한 이후 야심 차게 준비했던 것이 '정리력 100일 프로젝트'라는 세미나였다. 오랫동안 준비했던 세미나의 홍보를 위해서 직장생활하면서 알고 지낸 사람들에게 메일과 문자를 보내보았다. 주소록에 저장된 1,500명에게 세미나 무료 초청을 알렸다. 인맥에 너무 자신이 있었던 나머지, 참석자가 엄청나게 많아서 강의장을 바꿔야 하면 어쩌나 걱정이 들 정도였다.

하지만 강의 당일까지 기다려 봐도 1,500명 중에서 참석하겠다고 답장이 온 것은 고작 5명뿐이었다. 그동안 많은 사람들과 알고 지냈다고 생각했지만, 정작 도움이 필요할 때 주소록의 숫자는 그야말로 숫자에 불과했던 것이다. 나도 사람인지라 당시 마음에

상처를 조금 받았다. 시간이 지나고 나서 깨닫게 된 것은 내가 그동안 알고 지낸 관계들은 시간의 여유가 별로 없는 이들이었다는 점이다. 나 자신조차도 아는 사람이 세미나를 하면 마음은 가고 싶지만 스케줄 때문에 참석하지 못할 때가 많이 있었다.

그때부터 나는 페이스북, 블로그 등을 열심히 하면서 새로운 관계를 만들어나가기 시작했다. 그렇게 꾸준히 1년 정도 하다 보니 새로운 사람들을 많이 알게 되었고, SNS를 통해서 세미나에 참석하거나 강의 의뢰를 받는 일도 점차 늘어났다. 또한 관심 분야의 세미나에 참석하는 것도 관계를 늘리는 데 큰 영향을 주었다. 다른 세미나에서 만난 분이 정리력 세미나에 참석하시기도 하고, 고객이 되어주기도 했다. 어떤 때는 세미나 앞자리에 앉아 있던 분과 인사를 나누었더니, 멋진 일을 하고 있다며 제휴 의향을 밝히기도 했다. 기존에 있던 관계를 정리하는 것은 다소 어려운 일이다. 나쁜 습관을 바꾸는 대신 새로운 습관을 만드는 것이 더 좋듯이, 자신의 관계가 부족하다고 생각된다면 새로운 루트를 통해 새로운 관계를 만드는 방법이 좋다.

SNS는 필수인가?

'SNS 피로증후군'이 일상화될 정도로 사생활 노출, 개인정보 도용에 대한 두려움, 유행하는 정보를 나만 몰라 고립감을 느끼는 불안감에 과도한 SNS 사용 시간이 증가하고 있다. NIA 과학기술 정보통신부에서 매년마다 조사하고 있는 스마트폰 과의존 실태조사 2022년 자료에 의하면, 우리나라 스마트폰 이용자 중 23.6퍼센트가 과의존 위험군이고, 인간관계 만족도는 일반 사용자들에 비해 5퍼센트가 낮은 것으로 조사되었다.

페이스북, 인스타그램, 틱톡 같은 거대 플랫폼 기업이나 광고를 통해 상품 구매율이나 유입률을 늘려야 하는 기업에서는 심리학자나 전문가 의견을 수렴해 고객 사용 시간을 늘리려 한다. SNS가 일과 삶에 만족도를 높이고, 인간관계를 풍성하게 하는 수단이 되기 위해서는 시간 활용 뿐 아니라, 자신에게 맞는 확실한 사용 가이드라인이 필요하다.

정리 강의를 시작한 초창기만 해도 강의 요청을 주로 블로그와 이메일을 통해 받았지만, 어느 순간부터 페이스북이나 인스타그램 DM을 통해 받는 경우가 늘고 있는 것에서도 알 수 있다. 어떤 이들은 SNS 같은 걸 하면 "시간 낭비다.", "SNS에 글 좀 올린다고 밥이 나오겠느냐."고 하지만 실제로 경험해 본 바에 의하면 정말로 밥이 나온다. SNS는 나의 경험상 무료로 활용하면서도 가장 돈을 많이 가져다주는 마케팅 도구다.

이와 같은 SNS를 제대로 활용하기 위해서는 첫째, 정확한 사용법을 알아야 한다. 만약 SNS를 한 번도 사용해본 적이 없거나, 거의 활용을 못 하고 있다면 주위에 잘 사용하는 사람에게 개인 지도를 받는 것이 가장 좋다. 낯선 화면 때문에 어려울 것이라고 지레짐작할 수도 있겠지만, 기본 사용법을 익히는 데 한두 시간이면 충분하다. 잘 아는 사람이라면 식사나 차 한 잔만 대접하더라도 즐겁게 사용법을 설명해줄 것이다. 포털 검색으로 나오는 정보들이나 짧은 동영상을 보는 것만으로도 충분하다.

둘째로 각 서비스마다의 특징을 이해하고, 자신이 무엇을 위해서 사용할지에 대한 분명한 기준을 정해야 한다. 인스타그램은 빠른 정보를 얻을 수 있고, 페이스북은 관계를 만드는 데 굉장히 효과적이다. 각 매체의 특성이 다르니 자신에게 맞는 매체를 사용하자.

셋째는 최소한의 시간과 정성을 쏟아야 한다. 너무 많은 시간을 쏟으면 중독이 될 수 있으니 하루 중 일정한 시간을 정해 제한을 두고 관심 있는 이들에게만 관심을 표현하자. 인스타그램이나 페이스북에서는 '좋아요' 버튼을 누르거나 '댓글'을 남기면 된다. '좋아요' 버튼을 누르는 일은 간단하고 짧은 시간에 할 수 있지만, 상대방에게는 아주 큰 관심의 표현으로 비칠 수 있다.

넷째로 친구들이 좋아할 만한 정보를 제공하는 것이다. SNS에 늘 힘들거나 안 좋았던 일만 올리는 사람들이 있다. 사람들은 좋은 글과 사진, 재미있는 이야기, 기쁜 소식에 더 반응하기 마련이다. SNS로 관계를 다지고 싶다면 좋은 글을 자주 보여주는 게 좋다. 글 쓰는 재능이 없어서, 멋진 여행지나 맛집에 못 가서, 일과 삶이 너무 단조로워 특별한 이벤트가 없어서 올릴 콘텐츠가 없다고 주저하는가? 다른 사람들이 올린 포스팅을 통해 대리 만족을 느끼기보다, 오늘 읽은 책이나 뉴스에서 본 글 중 친구들에게 도움이 될 만한 내용이나 오늘 있었던 에피소드인데 공감이 될 만한 사진으로도 충분한 콘텐츠 생산자(크리에이터)가 될 수 있다.

다섯째로 제대로 활용하고 있는 사람들을 벤치마킹해보자. 다른 사람들이 어떤 글에 반응을 많이 보이는지 관심 있게 지켜봐도 배울 게 많을 것이다. 자신의 라이프스타일이나 관심분야(키워드)가 비슷한 사람 5명 정도 리스트를 만들어, 글의 내용, 사진과 영상을 찍는 방식, 댓글 반응 등… 한 가지씩 변화로 만들어보자.

페이스북을 시작한 사람들에게 가장 많이 들었던 이야기는

'모르는 사람이 자꾸 친구 추가를 해서 귀찮거나 어떻게 해야 할지 모르겠다.'는 것이었다. 페이스북은 개방성을 추구하지만 원하는 친구하고만 인맥을 형성할 수 있다. 모르는 사람에게 팔로잉 요청이나 친구 요청이 오면 이를 거절할 수 있으며, 친구에게만 공개하기, 친한 친구에게만 공개하기 등 공개 설정을 할 수 있기 때문에 잘 관리한다면 위험하지 않다. SNS를 통해서 무엇보다 배울 수 있는 것은 사람들과 친해지고 관계를 맺는 방법일 것이다. 친구를 만들고 싶으면 먼저 요청하고, 지속적인 관심을 보여야 그 친구가 자신을 기억할 수 있다. SNS를 통해서 다양한 인맥을 만들 수 있으나, 경험상 오프라인에서 만남이 이루어져야 관계로 발전될 수 있다.

SNS를 동네 친구들과 수다 떠는 용도로만 사용하고 있는 SNS 초보자라면 현재 사용하고 있는 SNS의 관계를 늘려보자. 경영인, 의사, 정치인, 예술가 등 각 분야의 다양한 전문가들이 SNS를 활용하고 있다.

유명인의 SNS를 사칭하는 일도 종종 있기 때문에 사용자 인증마크가 있는지 확인한다. 상업적인 목적의 PPL로 이어진 상품 판매로 불필요한 물건을 구입하는 것은 주의해야 한다. 내가 관심 있는 분야나 주제에 영감을 주는 인플루언서나 SNS 친구를 '친한 친구'로(10명 이내를 추천) 구분한다. 그들의 삶을 벤치마킹하거나 긍정적인 자극을 받는 것이 중요하다.

수년간 다양한 SNS를 활용하면서 깨달은 것은 SNS 사용 시간이 풍성한 관계를 만드는 데 도움이 되지는 않는다는 것이다. 문토, 소모임, 소행성, 플립 같은 모임 플랫폼이나 강연회 같은 오프라인에서의 만남의 관계의 친밀도를 높이는 데 도움이 된다.

내성적이어도 괜찮아

내성적이라 관계정리는 어려울 것 같다고 지레 포기하지 말자. 워런 버핏Warren Buffett, 빌 게이츠Bill Gates, 박명수, 소지섭 등이 대표적으로 내향적인 사람이다. 세계 인구의 30퍼센트가 내향적인 사람이라고 한다. 오히려 자신의 성향이 가진 장점을 살려서 관계를 유지할 수도 있다. 예를 들어, 내향적인 사람은 글로 표현하는 것을 외향적인 사람보다 더 잘하는 경향이 있다. 이런 장점을 살려서 인플루언서에 도전해보자. 오프라인 모임에서 외향적인 사람처럼 말을 재미있게 하려고 노력하지 말고, 오늘은 한 사람과 대화해보겠다는 작은 목표를 가지고 관계를 만들어보자.

내향적인 사람은 단둘이 이야기할 때, 잠재된 흥미로운 이야기들이 폭발하기도 한다. 비슷한 성향을 가진 동료나 친구들에게 지인들을 소개받는 것도 좋다. 내성적인 사람들이 인간관계에서 받는 스트레스는 대부분 외향적인 사람들을 따라 하려고만 하기 때문에 생겨난다. 스스로 편하게 느껴지는 방식으로 다른 사람들을 대하고 만나보자. 내성적인 사람의 차분하고 깊은 매력은 한번 친해지기만 하면 관계를 지속하게 해주는 원동력이 될 것이다.

관계정리 3단계
; 자신만의 시스템을 만들어라

　새로 구축한 관계 관리법 중에 내가 사용하는 것은 메일링 리스트를 정기적으로 보내는 것이다. 사업 시작과 함께 '고도원의 아침편지', '행복한 경영이야기' 같은 나만의 뉴스레터를 발송했는데, 이메일을 통해서 일과 개인적인 활동에 대해서 적어 보내다보니 사람들에게 '뉴스'로 전할 거리들이 자연스럽게 생겼다.

　사업 초창기에는 주로 강의 소식을 보냈다면 6개월 후에는 사보에 기고한 칼럼이나 잡지사 인터뷰 소식, 1년 후에는 방송 출연한 소식들을 보냈다. 뉴스레터를 작성한다고 하면 아주 큰 일일 것 같지만, 기존에 운영하고 있던 블로그 글을 요약하고 링크를 다는 것뿐이라서 실제로 시간이 거의 들지 않는다. 물론 뉴스레터를 보내도 모든 사람이 읽지는 않는다. 직장인으로 근무할 때 고객 DB에 보내는 뉴스레터의 수신율이 0.2퍼센트 미만이라는 것을 알고 있었다. 내가 보내는 개인 뉴스레터의 경우 수신율은 20퍼센트 정도 된다. 몇백 명의 사람들에게게라도 나의 소식을 전할 수 있고, 뉴스레터 발송 후 개인 전화나 문자로 연락해 오는 사람들이 있는 것만으로 감사하다.

나만의 VIP 관계 리스트 만들기

관계를 관리하는 방법 중 자신만의 VIP 관계 리스트를 만들어 보는 것도 좋다. 나는 100명의 VIP 관계 리스트를 관리하고 있는데 학교, 직장, 신앙생활 등 다양한 관계에서 만난 사람 중 평생을 함께하고 싶은 사람들의 목록이다. 이동할 때나 시간이 생길 때마다 하루 최소 두 명 이상에게 전화하거나 문자를 보내서 안부를 전하고 있다. 덕분에 첫 직장에서 함께 일했던 분들까지도 여전히 내가 최근 어떤 일을 하며 지내는지 잘 알고 응원해주는 사이로 가깝게 지내고 있다.

얼마 전 빼빼로데이에 함께 일하는 정리컨설턴트에게 카카오톡을 통해 빼빼로 선물을 받았는데, 소소한 선물이지만 참 기분이 좋았다. SNS의 발달로 호감과 감사를 표현할 수 있는 방식도 많이 간편해진 것 같다.

소셜공작소 황성진 대표공작원은 '브릿지 피플'이라는 자신만의 관계 모임을 만들어 매월 둘째 주 월요일에 정기 모임을 운영하고 있다. 초기에 10명 미만으로 시작한 모임이 1년이 지나서 80명이 넘는 인원으로 늘어났고, 모임 때마다 50명이 넘게 참석하면서 이업종 간의 다양한 교류가 이루어졌을 뿐 아니라 다양한 프로그램을 통해서 대한민국 최고의 관계 모임으로 자리매김하고 있다.

정기적인 모임을 한번 만들어보자. 친한 사람들 한두 명과 잦은 모임을 만들기 어렵다면 10명 미만으로 주제를 정해 만나거나 함께 갈 수 있는 공연이나 세미나에 참석 후 차 한 잔 나누며 대화하는 것도 추천한다.

사람들의 관심사를 기록하는 습관

나는 새로운 사람을 만날 때 그 사람을 기억하기 위해 특징적인 것을 명함에 메모한다. 만나는 사람 앞에서 명함에 기록해야 한다면 양해를 구하는 게 비즈니스 매너다. 보통 만난 시간, 장소, 목적, 만난 사람의 인상착의를 적는데 많은 정보를 적어 놓을수록 기억할 수 있는 게 많다. 어떤 분들은 스마트폰을 이용해서 사진을 찍기도 하는데 실례가 되지 않는다면 그 방법도 좋다. 다음에 그분과 만나기 전에, 메모한 내용을 바탕으로 어떤 대화를 나눌지 미리 생각해두면 더 의미 있는 시간을 보낼 수 있다. 예를 들어 SNS를 통해 좋아하는 음악 취향을 알게 되었다면 그와 관련된 대화를 나누어보자. 엉뚱한 이야기나 흔한 날씨 이야기보다 상대방의 관심사에 맞춘 이야기를 한다면 짧은 시간일지라도 더 깊은 관계를 맺을 수 있을 것이다.

서울대학교 의과대학 핵의학과 이명철 교수는 인맥의 달인으로도 유명하다. 이 교수는 수천 명의 인맥을 노트와 수첩을 통해 관리하고 있는데 참여하는 모임이 45개, 자주 연락하는 사람만 3,000명이라고 한다. 그에게 가장 효과적인 도구를 물어보니, 한눈에 관계를 파악할 수 있는 시스템인 엑셀 파일이라고 답했다. 이를 통해 수시로 관계 현황을 보면서 관리하는 것이다. 결국 스마트폰, 아웃룩 같은 디지털 도구를 사용하는 게 트렌드려니 하고 따라 하지 말고, 자신에게 가장 맞는 시스템을 통해서 자주 보고 자주 연락하는 게 관계정리의 핵심이라고 할 수 있다.

기존 관계와
작별하기

초등학교 선생님으로 근무하다가 육아 때문에 휴직한 분이 관계정리 컨설팅을 요청해 만난 적이 있다. 매일 아침 아이를 유치원에 보내고 오전 시간에는 동네에 있는 수영장에 가서 운동을 하는데, 1시간 정도 운동을 한 후 멤버들과 식사하고 차를 마시면서 2시간 정도 수다 떠는 게 습관처럼 되었단다. 특히 멤버 중에 한 회원은 만날 때마다 불평만 늘어놓아 건강을 위해 참석하는 모임이 정신적으로는 오히려 건강을 해치고 있다고 어떻게 할지 고민이라고 했다.

이분에게 드린 조언은 다음과 같다. "지금 다니고 있는 운동모임을 나가지 말고, 새로운 모임을 찾거나 친한 분들과 모임을 만들어 보세요." 운동모임의 목적이 분명해야 하는데, 목적 없이 오히려 시간을 낭비하고 정신적인 스트레스까지 받게 된다면 자신을 위해서는 과감하게 작별을 고해야 한다. 자신이 새로운 모임을 만들면 좀 더 적극적으로 활동할 수 있게 될 것이다. 의외로 주부들 중에 관계 때문에 어려움을 겪는 이들이 꽤 많다. 부탁만 하는 이웃, 부정적인 얘기만 해대는 친구, 만나기만 하면 트러블이 생기는 가족에 이르기까지 다양한 관계는 스트레스의 요인이 되기도 한다.

관계 때문에 받는 스트레스를 정리하기 위해서는 정리가 필요한 사람과는 일정한 거리를 두는 것이 좋다. 폴 J. 마이어Paul J. Meyer의 책 《크레이지 메이커》를 보면, 모든 조직에는 관계를 깨트리는 '크레이지 메이커'가 존재한다고 한다. 그들의 특징은 다음과 같다. "둔감하고, 무뚝뚝하고, 무심하고, 건성으로 행동하며, 자기밖에 모르고, 냉담하고, 상처를 주며, 비난을 퍼붓고, 거칠고, 험악하고, 믿기 어렵고, 잘 속이며, 편견으로 가득하고, 다른 이들을 무력하게 만든다." 대화와 관계를 통해서 '이미지에 목숨을 거는' 크레이지 메이커를 대할 때는 다음의 세 가지를 유념한다.

❖ 문제는 내가 아니다!

❖ 나는 그 사람을 고치지 못한다!

❖ 나는 나 자신만을 고칠 수 있다!

　　앞서 말했듯이 내 휴대폰에는 1,500명이 넘는 연락처가 있었다. 휴대폰을 바꿀 때마다 연락처를 옮기는 데 많은 시간이 걸렸고, 연락처를 하나씩 보면서 최근 소홀했던 분들에게 연락하려 해도 연락을 너무 안 해서 갑자기 연락하기 민망한 사람들이 많아 연락처를 보는 것만 해도 스트레스였다. 어느 날, 굳은 결심을 하고 6개월 동안 연락하지 않은 사람을 몽땅 지웠다. 휴대폰 연락처에 자주 연락하는 분들만 남아 있을 때의 그 상쾌함이란 말로 표현할 수 없을 정도였다. 그날 이후로 가벼워진 연락처를 보며, 소중한 분들을 더 잘 챙기고 연락할 수 있다.

　　기존 관계와 작별한다는 것은 정말 어려운 일이지만, 더 소중한 사람들에게 더 신경을 쏟기 위해서는 과감한 결단이 필요하다.

사내 관계정리

　직장은 주어진 일만 하는 곳이고, 함께 일하는 직원들은 단순히 동료일 뿐일까? 앞서 말했지만, 직장인들이 스트레스를 받는 가장 큰 이유는 관계 때문이다. 사내 관계를 잘 정리하면, 업무 성과를 올릴 수 있을 뿐 아니라 즐거운 직장생활을 만들 수 있다.

　사내 관계정리가 잘 안 되는 사람들 중에는 단짝을 만들어서 그 동료와만 친하게 지내거나, 완전히 아웃사이더로 지내는 사람도 있다. 반대로 술을 마셔야 진정한 동료가 된다고 생각하며 틈나는 대로 술 약속을 잡아 동료들을 피곤하게 만드는 사람도 있다. 어떤 사람은 시시콜콜하게 동료들의 사생활을 묻고 다녀 불편하게 만들기도 한다. 친구보다는 조금 멀고 남보다는 가까운 사이, 사내 사람들과 잘 지내는 건 쉽지 않아 보인다.

특히 업무하기에도 바쁜데, 그 와중에 잠재 고객과의 관계도 쌓아야 하지 않은가. 가끔 사내 사람들과 저녁을 같이 먹거나 커피를 한 잔 마실 수 있을 법 한데, 6시가 되면 얼른 친한 친구나 애인과 만나서 술이나 한잔하며 회사에서 받은 스트레스를 날리고 싶은 마음이 더 크다. '뭐, 사무실에서 종일 옆에 앉아 있으니까.', '부장님께 날마다 아침저녁으로 인사하니까 이 정도면 됐지.' 하는 안일하게 생각하는가? 이 세상에 같은 빌딩에서 일하는 것만으로 저절로 친해지는 관계란 없다.

먼저 사내 관계 가계부를 작성해보자. 1년 동안 업무적으로 대화를 나눴거나 기억나는 회사 사람에는 누가 있는지 리스트를 작성해보자. 그리고 각 사람에게 배울 점이나 장점들을 기록해보자. 누구나 자신보다 잘하거나 존경할 점이 있다는 사실을 알게 될 것이다. 아무리 마음에 들지 않는 동료나 직장 상사도 한 가지 정도는 배울 점이 있다. 배울 점을 찾게 되면 자연히 말을 건넬 기회가 늘어나서 관계가 좋아질 뿐 아니라, 그들에게 업무 비법을 전수받을 기회도 잡을 수 있다.

자신만의 모임도 만들어보자. 관심 분야가 같거나 취미활동을 함께할 만한 모임을 만들어서 평상시 친해지고 싶었던 동료들을 초대해보자. 등산 모임, 맛집 탐방 모임, 소설 읽기 모임 등 부담 없고 취향을 자극하는 모임을 직접 만들고 주최자가 된다면, 좀 더 적극적으로 모임을 운영하면서 사내 관계자들이 자연스럽게 당신에게 모여들게 될 것이다.

경조사는 꼭 챙기자. 회사 사람들의 결혼, 장례 등 꼭 참석해야 하는 경조사 외에도, 생일을 서로 챙겨주면 좋다. 요즘은 SNS에서 친구 추가를 하면 생일을 자동으로 알려주니 챙기기도 어렵지 않다. 작더라도 꼭 필요한 선물이나 책과 같은 부담 없는 선물, 마음을 담을 수 있는 손 편지를 전달해보자. 그마저도 어렵다면, 최소한 메신저를 통해 축하 인사를 하거나, 페이스북 담벼락에 생일축하 메시지라도 남기는 게 어떨까.

회사 사람은 늘 함께 있어 소홀하기 쉬운 상대이지만, 가깝기 때문에 더욱 중요하다. 이직 제의 중 약 30퍼센트는 전 직장 동료에게서 받는다는 통계치 때문만은 아니다. 회사 선배는 가까이 있어서 더 잘 배울 수 있는 멘토가 되기도 한다. 사내 사람들과 좋은 관계를 만들기 위해서는 결국 태도와 언어가 가장 중요하다. 상대방에게 배운다는 태도로 겸손하게 다가가자.

& Action Plan

사내 관계 리스트를 만들어보자.

이름	배울 점(장점)

친구 정리

유치원이나 초등학교에 입학하면, 친구 사귀는 법에 대해 배운다. 함께 재미있는 놀이를 하고, 좋은 물건은 나누어 쓰고, 고맙다고 표현하는 것 등이 그때 배웠던 친구 사귀기의 핵심이었다. 하지만 어른이 되면 이 모든 걸 잊어버리고 만다. 다시 한 번 친구 관계에 대해 정리해보자.

친구를 정리하지 못하는 사람은 주로 '진짜' 친구가 없다는 특징이 있다. 친구가 많다고 자랑은 하지만 정작 힘들거나 안 좋은 일이 있을 때 함께하는 친구는 없다. 이런 사람들은 자신은 좋은 친구가 되려 하지 않으면서 남에게만 바라는 경우가 많다. 혹은 친구보다는 승진을 위한 관계만을 관리하거나, 애인만을 챙기기도 한다.

반대로 친구 부탁이라면 뭐든지 들어주느라 매일 밤 고민상담 스케줄이 꽉 차 있으면서 속된 말로 친구들의 '봉'으로만 사는 사람도 있다.

이 모든 친구 문제는 친구가 자신에게 어떤 가치나 의미를 주는지에 대해 진지하게 생각해보지 않고, 상대에게 적절한 표현을 하지 않기 때문에 발생한다. 날마다 야근과 회식, 거래처 미팅으로 퇴근 후까지 스케줄이 가득한 요즘 직장인들은 시간의 대부분을 회사 일에만 쓴다. 그러다 보니 힘든 일이 생겨도 기댈 사람이 없다. 가끔은 허심탄회하게 친구와 이야기를 나누고 싶은데 연락처를 뒤져봐도 그럴 만한 사람이 없으면 엄청난 고독감이 밀려온다. 진짜 친구라면 오랜만에 연락해도 괜찮다고 생각하지만, 정말 오랜만에 전화하면 진짜 어색하다. 먼저 평생 친구로 지내고 싶은 사람은 어떤 사람인가? 한번 떠올려보자.

어떤 아버지는 친구가 많다고 말하는 아들과 내기했다. 아들이 먼저 돼지를 포장해 짊어지고 친구들의 집에 찾아가 실수로 사람을 죽였으니 도와달라고 했다. 하지만 아들의 친구들은 언제 우리가 친했느냐는 듯 문을 쾅 닫아버렸다. 다음날 아버지가 지게를 지고 친구 두 명을 찾아가자 그들은 모두 아버지를 걱정하며 문을 열었다. 이 일화에서 평생 친구의 기준이란 아주 큰 일을 당했을 때도 도와줄 수 있는 사람이다. 알고 지내는 어떤 분은 "천만 원을 빌렸을 때 묻지도 따지지도 않고 빌려줄 수 있어야 진짜 친구다." 라고 말한다. 나에게 친구란 어떤 의미인가? 평생 친구의 기준을 세워보자.

기준을 정했다면, 그 기준에 맞는 친구를 찾아보자. 지금까지 아는 사람 중에서 평생 친구라고 부를 수 있는 사람이 있는가? 만약에 없다면 어떤 사람을 만나서 평생 친구로 삼고 싶은가? 만나서 쓸데없이 상사 험담이나 연예인 얘기만 하고 돌아오는 친구가 아니라 만나고 돌아오는 길에 발걸음이 가벼워지는, 나는 그동안 무엇을 위해 내달려 왔나 돌아보게 되는 친구가 진짜 친구다. 함께 하는 것만으로도 성장하는 관계를 만들 수 있는 친구를 찾아보자.

그다음에 일주일에 한 명씩이라도 연락해보자. 갑자기 연락이 끊겼던 친구에게 전화가 온다면 셋 중 하나다. 결혼식에 와달라고 하거나, 보험 가입을 해달라고 하거나, 돈을 빌려달라는 것. '평소엔 연락도 없더니……' 하고 기분 나쁘겠지만, 반대로 생각해보자. 갑자기 큰일이 생긴다면 주저하지 않고 연락할 수 있는 친구가 현재 몇 명이나 있는가? 친하다고 생각하는 동창 친구들을 최근에 만난 곳으로 결혼식장이나 장례식장만 떠오르지 않는가? 아무리 친한 사이라도 연락이 없으면 서로 멀어질 수밖에 없다. 하루에 한

번, 일주일에 한 번, 최소한 문자로라도 친구에게 연락하자.

친구들 모임에서 의미 있는 이벤트를 만들어보라. 더 이상 번 번이 모여서 삼겹살에 소주를 마시며 올해 샀던 새 차나, 주식 얘기 만 하지 말자. 오랜만에 만난다면 지난 한 해의 10대 뉴스, 혹은 올 해의 새로운 목표 3가지를 준비해서 발표해보자. 의외로 친구에 대 해 몰랐던 사실을 알게 될 것이다. 이 방법이 너무 부담스럽다면, 친 구들에게 추천하고 싶은 최고의 콘텐츠를 하나씩 골라 소개해보는 것도 좋다. 최고의 책, 최고의 영화를 각자 골라 소개하거나 함께 보 는 시간을 가져보자. 또한 올해 안 썼던 물건 중 소중한 것을 골라 서로 나누어 갖는 시간도 의미 있을 것이다.

아니면 특별한 곳에서 만나보자. 카페나 술집이 아니라 소중 한 친구들을 위한 특별한 장소를 골라보자. 친구와 함께 추억을 공 유할 수 있는 장소에서 만나면 어떨까? 함께 졸업한 중학교 운동장 을 거닐며 옛 추억을 되새겨 보면 서로에게 의미 있는 시간이 될 것 이다. 함께 감사할 수 있는 사람도 만나보자. 옛 선생님을 찾아가서 추억을 이야기하다보면, 덤으로 잊었던 다른 친구의 소식도 들을 수 있을 것이다. 과거의 장소만이 아닌 미래를 위한 장소에서 만나 볼 수도 있다. 함께 여행 계획을 세워보라. 어떤 곳에 가서 어떤 활 동을 할지, 자금은 어떻게 모을지 계획을 세우는 것만으로도 우정이 돈독해질 것이다.

네브라스카대학교에서 열린 좌담회에서 어떤 학생이 "성공이란 무엇인가요?"라고 워런 버핏에게 질문했다. 버핏은 "성공이란, 주변 사람들에게 사랑받는 것"이라고 대답하며, 포브스 400대 기업에 드는 CEO 중에서 아무에게도 사랑받지 못하고 외로워하는 사람을 알고 있다고 덧붙였다. '3'이라는 숫자는 완전수라고 한다. 영화〈세 얼간이〉, 시트콤〈세 친구〉처럼 내가 성공하든 실패하든 평생을 함께할 수 있는 단 두 명의 친구만이라도 곁에 있다면, 인생에서 진짜 행복을 느낄 수 있을 것이다. 그것이야말로 진짜 성공한 삶이다.

& Action Plan

관계 가계부 작성하기

알고 있는 사람과 새롭게 만난 사람을 써보고. 그 사람들에 대한 키워드를 적어보자.

관계	이름	만난목적 시간 장소 나눈대화	직업 회사 직책 하는일	거주지역 이메일 핸드폰 SNS	기타 메모

100개의 직업

알아두면 좋은 100개의 직업을 적어보자. 경찰, 의사, 주식전문가, 심리상담사 등 세상에 필요한 주요 직업에 종사하는 사람 100명을 알아둔다면 내 삶이 어떻게 변할까?

관계의 기적을 만드는
질문 준비하기

어느 날 P씨에게 장문의 이메일을 받았다. 정리력 세미나에 참석하여 굉장히 수줍게 자신을 대학생이라고 소개하여 기억이 남았던 분이었다. 꿈에 그리던 직장에 인턴으로 입사하게 되었고, 3개월 간 인턴 과정을 잘 마치면 정직원이 될 수 있는 좋은 기회였다. 그러나 근무 부서의 과장님 때문에 괴로워 한 달 동안 참았는데, 퇴사를 해야 할 것 같다는 내용이었다. 내가 해줄 수 있는 조언은 출근하면 만날 그 불편한 과장님께 3가지 질문을 준비하라는 것이었다. 그 질문은 크게 두 가지에 해당해야 하는데, 과장님이 관심 있는 질문이거나 재미있는 질문이어야 한다는 것이었다.

그렇게 메일을 보낸 후 한 달 정도가 지난 후 P씨의 안부가 궁금해 연락을 해보았다. 당장이라도 그만둘 것처럼 결심을 굳힌 것 같았기에 다른 직장에 취업을 알아보고 있을 것 같았는데, 웬걸 그때 그 회사에 아직 근무를 하고 있었고, 심지어 힘들게 느꼈던 과장님과 엄청 친해졌다고 말했다.

내가 했던 조언 이메일을 받고, 질문 3가지를 정하기 위해 밤새 고민했다고 한다. 그날 이후 매일 과장님의 관심과 재밌거리가 될 만한 질문을 찾기 위해 과장님이 어떤 사람인지 자리를 살피거나 선배들의 대화를 경청하거나 과장님에 대해 질문을 하면서 매일같이 힘들게 질문 리스트를 작성했는데 결국 한 달 후 회사에서 가장 마음 편하게 이야기할 수 있는 사이가 될 수 있었던 것은 마치 마법과도 같은 결과였다. 나는 조언에 앞서 그 과장님의 입장을 상상해보았다.

'입사한 인턴이 적극적이지 않아 뭔가 싶었는데, 일 하나도 제대로 처리하지 못해 불편한 마음이 있었을 것이다. 제대로 업무를 알려줘야 해서 싫은 소리지만 이렇다 저렇다 말 몇 마디 했는데, 그 후부터는 눈도 마주치지 않고 슬슬 피하는 것을 보니 퇴사할 거라는 생각에 과장 자신도 점점 인턴과 거리를 두게 되지 않았을까. 그런데 어느 날 아침 인턴이 불쑥 말을 건넨다.

"과장님, 요즘 골프 배우시는 것 같은데, 가장 가보고 싶은 골프장이 어디에요?"

한 달 정도 퇴근 후 골프연습장에 다니며 골프에 흠뻑 빠져 있는 나에게 골프에 대한 질문은 아주 흥미로운 주제였다. 그동안 가보고 싶었던 골프장 이야길 잠깐 나누었다. 점심시간이 다가오자 "과장님 오늘 저 점심 메뉴를 정해야 하는데, 이 동네에서 혼자 먹기에 가장 좋은 식당 좀 추천해 주실래요?" 하고 또 묻는다. 10년 정도 같은 지역에서 회사를 다녔고, 동네 맛집이라면 빠삭하게 알고 있었기에 혼자 맛있게 조용히 먹을 수 있는 식당이 세 군데가 생각나 말해주었다.

마침 자신도 점심약속이 없어서 인턴이 좋아한다는 일본식 돈까스를 먹으러 갔다. 점심을 먹는데 주말에 아이랑 뭘 하면서 보냈냐고 해서 아이가 레고를 좋아해 종일 레고를 만들고 부수고 하면서 스트레스를 받았다는 이야길 하는데, 자신도 모르게 얼굴에 웃음이 번진다. 그렇게 매일 인턴은 자신에게 흥미있는 질문을 했고, 어느 날부터 오늘은 뭘 물어볼까 관심을 갖게 되었다.'

관계정리에 대해 연구하다보니 관계의 맺고 끊음을 결정 짓는 요소 중 하나가 '관심'이었다. 싫어하는 사람에게 관심을 갖지 않거나 좋아하는 사람에게 관심을 갖는 것은 자연스러운 현상이다. 질문은 사람들의 관심을 연결시키는 마법의 열쇠를 갖게 해준다.

그동안 내가 궁금하고, 좋아하는 질문을 하면서 대화해왔다면 상대방이 흥미를 보인 질문을 고민하고 질문 리스트를 만들어보라. 보험 영업의 달인 L씨는 사업하는 고객님을 만나면 이 "사장님, 어떻게 이렇게 큰 사업을 하시게 되셨어요?"라는 질문이, 동네에서 유명한 꽃집을 하시는 K씨는 처음 만나는 고객들에게 "선물하실 분이 주로 어떤 색상의 옷을 좋아하세요?"라는 질문이 큰 도움이 되었다고 한다.

단톡방
정리하기

관계정리에 대한 상담에서 가장 많이 받는 질문 중 하나는 카카오톡 단톡방에 대한 스트레스를 어떻게 해결할지에 관한 것이다. 단톡방 스트레스에 대한 설문조사에서 4명 중 한 명이 스트레스를 받는다고 하니 단톡방을 마치 감옥이라고 비유할 정도다. 2023년 5월 카카오톡에서 '조용히 나가기' 기능이 업데이트되면서 소리 소문 없이 탈옥할 수 있게 되었다. 하지만 비즈니스나 인맥 때문에 떠날 용기를 내기 어려운 단톡방을 어떻게 정리해야 하는지 소개하겠다.

첫째, 정리할 단톡방인지 분류하고 판단하라. 앞서 정리해야 하는 대상인지를 판단하는 기준을 낭비, 스트레스라고 했다. 현재

활동 중인 단톡방 중 시간낭비가 되거나 감정적인 스트레스가 받는 곳이 있다면, 시의적절한 정리가 필요하다. 낭비와 스트레스로 분류했다면, 다음은 필요, 관심, 목적, 행복으로 구분한다. 나의 일과 삶에 필요하고, 관심있는 주제, 모임인지, 내가 하고 있고, 하고자 하는 일에 목적이 일치하는지, 그 모임으로 인해 행복감을 느끼는지 판단해보고 두 가지 이상 해당되지 않는다면 정리할 단톡방이다.

둘째, 단톡방 정리를 실천하라. 단톡방을 정리한다는 게 '나가기'만 해당하진 않는다. 가능한 신경 끄기, 나에게 도움이 되는 방법으로 활용하기도 정리다. 정리는 비움과 채움을 실천하는 것이기에 비운다는 것은 시간, 마음, 신경을 빼는 것이고, 채운다는 것은 온라인을 통해 관계 증진하기, 새로운 인맥 확장하기, 비지니스나 삶에 도움되는 기회로 연결시키는 것이다.

셋째, 나만의 정리 규칙을 만들어라. 낭비와 스트레스를 줄이기 위해서는 바쁜 시간 중에는 단톡방을 보지 않기, 하루에 한 번만 읽는다, 모든 글 읽지 않기, 키워드 알림을 통해 내 이름이나 중요하고 필요한 정보 해당되는 글만 읽기, 알림 기능을 꺼두기 등. 이다. 단톡방에 정기적으로 멤버 정리가 필요하다면, 일반 채팅방을 '팀 채팅'으로 변경하는 것이 좋다. 단톡방 개설자이거나 개설자에게 제안하여 저녁 늦은 시간, 새벽 일찍, 주말과 휴일은 톡을 줄이거나 금지하기, 정치종교 언급 금지하기, 광고, 홍보성 글은 주 1회로 제한하기, 과도한 도배글이나 이모티콘 금지하기 같은 단톡방 그라운드 룰을 정하는 게 좋다.

섬세한 성격인 지인 P씨는 카톡 어플을 아예 깔지 않고, 폭넓은 인간관계보다 소소한 관계를 좋아하는 K씨는 지인하고만 카톡을 하고, 영업사원이라 많은 인맥이 필요한 L씨는 업무용 폰을 따로 사용하여, 업무 외 시간은 메세지를 확인하지 않는다.

관계를 정리한다는 것은 물건을 정리하듯 나 혼자만의 판단과 기준으로 하기 어렵고, 마음을 써야 하기 때문에 많은 미련이 남고, 살아온 동안 연결된 많은 사람을 일순간 정리하기 어렵기 때문에 장기간 훈련하듯 정리해야 한다. 단톡방을 정리했을 때, 삶에 어떤 변화를 주는지를 점검해보시면 좋겠다.

2023년 12월 1일 오픈채팅방에 '윤선현의 정리학교'를 개설했다. 나처럼 정리를 좋아하거나 외부 소음이나 자극에 예민한 사람들은 공감하겠지만, 스마트폰에 알림이 계속 울리고, 확인하지 않으면 숫자가 쌓이는 게 밀린 숙제 안 한 기분이라 웬만하면 단톡방을 만들지 않으려고 했다. 평소 업무적으로 필요한 소통만 최소한으로 하고, 원하지 않은 단톡방에 초대받았을 때는 '알림'을 꺼놓기도 했다. 또 관계 확장이나 유지, 적절한 시간 활용에 도움이 안 되면 초대해주신 분에게 양해를 구하고 나가기도 했던 내가 단톡방을, 그것도 오픈채팅방 운영하게 된 것이다.

'윤선현의 정리학교' 오픈채팅방에 정리컨설턴트로 활동하면서 만난 고객, 교육생, 독자를 초대했다. 온라인으로 정리교육을 진행하고, 실천에 도움되는 팁을 공유하고, 질문을 받으면 답변을 드리고 있다. 운영을 막 시작했을 때는 '이런 활동을 싫어하는 내가 운영을 할 수 있나?' 내심 우려했지만, 한두 달이 지나니 나만의 운영 스타일을 찾을 수 있었다. 덕분에 스트레스를 받지 않으면서도 즐겁게 채팅방을 유지 중이다. 관심 주제가 있고, 나의 정보와 콘텐츠가 초대된 사람들에게 도움을 주고, 개설자로서 책임 있게 운영을 할 수 있다면 단톡방을 개설해서 운영해보는 것을 추천한다.

* 윤선현의정리학교 오픈채팅방 입장하기

: 오픈채팅방 검색에서 '윤선현'으로 검색(초대코드 : 2010)

2010년 정리컨설턴트 직함으로 명함을 만들고, 세무서에서 사업자등록증을 내고, SNS와 이메일에 프로필을 넣고 나니 어느덧 사업가가 되었습니다. 어릴 적부터 품어온 오랜 꿈이었고, 10년 간 직장을 다니며 준비한지라 비교적 쉽게 사업을 시작할 수 있었습니다.

사업은 누구나 할 수 있지만, 제대로 하는 게 어렵다는 것을 깨닫게 된 데는 그리 오랜 시간이 필요하지 않았습니다. 블로그를 통해 간간이 들어오는 강의 외 업무 시간의 대부분을 강의안과 정리 서비스 개발에 쓰면서 살다, 2012년 첫 번째 저서 《하루 15분 정리의 힘》을 출간하면서 이름이 알려졌습니다. 사업확장을 위해 법인을 설립하고, 직원을 채용하다보니 고정비가 늘었고, 지속적으로 투자해야 하는 신규 사업의 특성상 늘 자금상의 어려움을 겪었습니다. 어려움에도 불구하고 지금까지 정리컨설턴트로 활동할 수 있었던 것은 이 책을 구입하고 읽어주시고 강의에 초청해 주셨던 많은 분이 계셨기 때문입니다. 개정판 출간은 독자님들께 고마운 마음을 전하는 방법이라고 생각했습니다.

매일 베리굿정리컨설팅 대표전화(제가 대표라 대표전화를 받습니다)로 정리컨설팅 비용과 채용 문의를 받습니다. 정리컨설턴트가 직접 방문한 후 비용 상담을 해드리고 있습니다. 직업적으로 정리컨설턴트는 수입이 안정적이지 않기 때문에 1년 이상 안정적인 수입이 필요하시다면 권해드리지 않습니다.

코로나 이후 외부 강의가 줄어 보험영업을 하고, 월급을 마약처럼 받았다고 고백했던 회사에 다시 입사하게 됐습니다. 오랜만에 회사에 복귀해 일하며, 우리 경제의 허리가 되고 있는 MZ세대를 더 이해할 수 있었습니다. 이전에는 마음으로 이해하지 못했던 일터의 후배들과 소통하며, 공감의 힘을 하루하루 경험할 수 있었습니다.

2023년 7월 다시 정리컨설턴트로 활동을 시작했습니다. 정리컨설턴트는 집 정리만 하는 사람이 아니라, 고객의 일과 삶의 생산성을 높이고, 마음에 평화를 주는 전문가입니다. 앞으로도 저는 정리컨설턴트를 삶의 목표로 삼고 살아가고자 합니다. 2002년부터 현재에 이르기까지 제 삶의 생산성을 높이고 행복을 안겨준 비결은 다름 아닌 '정리'였습니다. 정리의 힘은 절대 배신하지 않는다는 신념을 많은 분께 전하며 살아가겠습니다.

개정판을 다려주신 독자님들, '윤선현의 정리학교'에서 정리 배움과 실천을 함께 해주시는 학생분들께 감사드립니다.

시간, 공간, 관계에 만족감을 채워주는
하루 15분 정리의 힘

1판 1쇄 인쇄	2024년 5월 7일
1판 4쇄 발행	2024년 11월 27일
펴낸곳	스노우폭스북스
발행인	서진
지은이	윤선현
편집	박은영
마케팅	김정현·이민우
영업	이동진
북매니저	박정아
표지디자인	김완선
주소	경기도 파주시 회동길 527 스노우폭스북스 빌딩 3층
대표번호	031-927-9965
팩스	070-7589-0721
전자우편	edit@sfbooks.co.kr
출판신고	2015년 8월 7일 제406-2015-000159

ISBN 979-11-91769-66-1 (03320)
값 16,800원

스노우폭스북스는 "이 책을 읽게 될 단 한 명의 독자만을 바라보고 책을 만듭니다."